무궁화꽃이 피었습니다

무궁화꽃이 피었습니다

이신규

※ 본문에 나오는 이름들은 많은 부분 가명 처리했습니다.

| 추천의 글 ① |

　이신규 교장선생님의 삶의 필름을 마음과 눈으로 하나하나 담을 수 있는 수필집 '무궁화꽃이 피었습니다.'를 발간하게 됨을 진심으로 축하드립니다.
　자신만의 고유한 감성과 경험을 바탕으로 내용을 정성스럽게 담아서 쉽게 스며들며 다가설 수 있는 따뜻한 마음을 느낄 수 있었습니다.
　1부 '학교'에선 전체적으로 학생, 교사와의 경험과 추억을 통해 인간미 넘치는 그의 삶과 사랑, 관계, 열정의 소중함을 고스란히 느낄 수 있는 아름다운 영화 한 편을 감상할 수 있었습니다. '큰 산'이라는 글에서는 故 지성양 이사장님에 대한 감사와 감동, 겸손함을 다시 한번 생각해 보는 계기를 마련해 주었으며, '등교 맞이' 등의 글을 통해 교육자로서, 관리자로서 학생에 대한 자세와 교육자가 가져야 할 덕목인 지적인 측면의 수월성, 정의적인 측면의 애정, 의지적인 측면의 성실성이 무엇인지 보여 주는 글을 읽을 수 있었습니다. '비즈쿨'에서는 학생들에게 꿈과 추억 을 심어주고 싶은 그의 사랑과 열정, 노력, 경쟁력 있는 미래를 위한 새로운 패러다임에 대비하는 꾸준한 실천을 느끼며 '학교'라는 그의 삶의 필름을 감상할 수 있었습니다.

2부 '가족'에선 전체적으로 세상에서 가장 소중한 것이 무엇인지, 아내와 어머니, 아버지에 대한 사랑, 고마움, 미안함, 아픔, 깨달음을 눈물로 그려내며 '잠시 멈춤'을 선사했습니다. '시라는 글자를 내자로 고치기'라는 글을 통해 아내에 대한 고마움과 미안함을 역지사지(易地思之)라는 한자성어로 풀어내는 그의 재치를 알 수 있었습니다. '엄마와 비비빅' 글에서는 어머니에 대한 사랑, 고마움, 미안함, 아픔이 고스란히 드러나며, '산소', '구두끈'에서는 아버지에 대한 그리움과 고마움, 깨달음을 생각하며 '가족'이라는 그의 삶을 감상할 수 있었습니다.

3부 '나'에선 친구, 이웃에 대한 소중함과 종교에 대한 믿음과 약속, 자신에 대한 겸손, 봉사의 삶, 무모하지만 용기있는 그의 도전정신, 과거의 반성을 한 장 한 장 펼쳐볼 수 있었으며, 4부 '외국'에선 누나와의 인도여행에 대한 소중한 추억과 생명과 죽음에 대한 생각, 인도 청년에게서 느낀 변함없는 그들만의 정체성과 새로운 철학적 사유, 몽골에서의 단기선교를 통한 자신만의 깨달음을 별이라는 소재를 통해 과감히 풀어낸 그의 삶을 감상할 수 있었습니다.

저 개인적으로는 모범적인 참 스승으로 정년을 성공적으로 맞이하는 이신규 교장선생님의 개인의 발자취에 대해서도 찬사를 보냅니다. 중등교사로는 보기 드문 학위를 완성하는 노력과 비즈쿨을 통한 방과후 활동에서도 탁월한 지도력을 발휘하신 제자 사랑의 귀감이 되셨음을 배우고자 합니다.

마지막으로 다시한번 이신규 교장선생님의 수필집 '무궁화꽃이 피었습니다.'의 출판과 정년퇴임을 진심으로 축하드리며, 교장선생님의 열정이 발휘되고 빛날 제2의 인생길을 응원하며, 그동안 학교법인 익성학원 익산중.고등학교에서 보여준 선생님의 노고와 헌신, 교육에 대한 철학에 대해 깊은 감사를 드립니다.

학교법인 익성학원 이사장 **지승룡**

| 추천의 글 ② |

　　이신규 교장선생님의 수필집 '무궁화꽃이 피었습니다.'를 출판하게 되어 감개무량하다. 삶을 열정적이고, 기나긴 교직 생활을 천직으로 삼아 성실하게 살아온 사람만이 쓸 수 있는 글이고, 정년퇴직과 함께 책으로 결실을 보아 진심으로 축하를 드린다. 글 40여편에는 담담하고 진솔한 삶이 오롯이 녹아 있다. 문학적 완성도는 기성작가에 비해 부족한 면은 있지만 오랜 경험에서 우러나오는 생생한 이야기를 담았다는 것만으로도 높이 평가받아 마땅하다. 그의 수필 특징의 하나는 수필이 짧다는 점이다. 짧은 글 속에 풍부한 감성을 담아 삶의 깨우침을 담아낼 줄 안다.

　　사람들을 아우르는 따뜻한 사랑의 감성이 책에는 개인의 추억담 외에도 교직에 대한 깊은 이해와 지은이의 성찰을 많이 엿 볼 수 있다. 작은 소재 하나가 사색으로 버무려져 수필 한 편이 되듯 무엇보다도 사람과 사람 사이의 관계를 귀히 여기는 인간적인 면이 글 구석구석에 배어 있어서, 사람과 사람 사이의 아름다운 관계를 읽는 사람들의 마음속에서 추억 조차 연민과 사랑으로 위로와 치유가 된다.

교학상장(敎學相長)에 담은 교육의 모든 것! 선생님은 4차 산업혁명 시대를 대비하는 비즈쿨 교육을 강조하고 있다. 학생들은 왜 꿈을 가져야 하는가? 에 대한 이유를 찾고 칭찬으로 시작하는 작은 실천이 학교에 칭찬바람을 일으켜 행복한 학교를 만들 수 있다고 말하고 있다. 학교장의 위상과 역할, 학교 경영의 올바른 길도 제시하고 있다.

시작과 끝이 일치하는 삶을 위해 젊은 날 자신이 다짐했던 삶의 자세를 앞으로도 매 순간 충실하게 실천하며 더 큰 도약을 위해 정진하기를 바란다.

익산고등학교 교장 이평호

| 추천의 글 ③ |

36년간의 교직 생활을 마무리하며 수필집을 출간하시는 교장선생님께 진심으로 축하와 감사를 드립니다. 재치 넘치는 유머와 따뜻한 배려로 항상 웃음과 감동을 주셨던 교장선생님의 이야기는 우리 모두에게 큰 의미를 줍니다.

큰 어른이신 교장선생님, 삶의 지혜가 가득하신 교장선생님, 그 삶을 닮아가고 싶은 교장선생님, 모두에게 귀감이 되는 교장선생님, 나부터 시작해야겠다고 말보다는 행동으로 몸소 실천하시는 교장선생님, 그래서 교장선생님께서 말씀하시면 무조건 콜~~ 하게 만드시는 마력을 가지신 교장선생님…

이신규 교장선생님하면 수많은 수식어들이 떠오르지만 무엇보다도 교장 선생님을 가장 잘 표현하는 말은 누구에게나 정말 따뜻하고 진심이신 교장선생님이라고 표현 하고 싶습니다.

1989년 청소년 야학교사와 정규교사를 동시에 시작, 그리고 교장으로서의 여정에서 이루신 수많은 성과와 경험들은 교육 현장에서의 교장선생님의 열정과 헌신을 증명합니다. 장관상, 법인 이사장 표창, 비즈쿨 운영, 20개가 넘는 특허 보유 등 교장선생님의 업적은 정말 놀랍습니다. 그러나 가장 소중한 것은 학생들, 동료 교사들, 학부모님들과 나눈 순간들입니다.

'가고 싶은 학교', '가치있는 교육'을 위해 노력하신 교장선생님의 수필집은 우리에게 앞으로 살아가는데 큰 울림을 줄 것입니다. 다시 한번 감사드리며, 수필집이 많은 이들에게 영감과 감동을 주길 기대합니다. 축하드리며, 건강과 행복을 기원합니다.

군산제일고등학교 교사 **문애란**

| 추천의 글 ④ |

이 책은 오랜 시간 동안 한결같은 마음으로 교육에 헌신해 온 이신규 선생님의 결정체입니다. 책을 읽는 동안 교사로서의 첫 시작부터 교장으로서의 마지막 날까지 열정과 진심을 다해 온 힘을 기울이신 것이 느껴졌고, 어떤 마음으로 살아오셨는지 알게 되었으며, 그 시대에 함께 있었던 것처럼 동화 되었습니다. 1,000원짜리 넥타이핀을 선물 받았다는 내용에서는 저도 모르게 눈물이 핑돌았고, 의자에서 넘어진 부분에서는 크게 웃었으며, 가족의 이야기를 읽고는 가족의 소중함을 다시 생각하게 되었 습니다.

이신규 선생님은 학생들이 다양한 경험을 할 수 있도록 해주었고, 교장실이 어렵고 두려운 곳이 아니라 편하고, 즐거운 놀이터 같은 곳으로 만드셨습니다. 저의 학창시절을 보면 한 번도 교장실에 가본 적도 없고 가볼 생각도 못 했었는데, 이신규 선생님의 혁신적인 접근 방법에 다시 한번 놀랐습니다. 이렇듯 이신규 선생님은 늘 학생들의 성장을 최우선으로 생각하며, 학생이 즐거운 학교생활을 할 수 있도록 노력하였으며, 교직원에게 '내 맘대로 표창장'을 수여하는 등 교직원들과의 협력과 소통을 통해 보다 나은 교육환경을 조성하고, 함께 성장하는 문화를 만들었던 모습이 인상적이었습니다. 교육 현장에서의 다양한 도전과 어려움에도 불구하고, 늘 긍정적으로 문제를 해결해 나가는 모습도 좋았습니다. 이러한 열정과 힘은 걸어서 그리고 자전거로 서울까지 가는 극한 여정을 이겨낸 경험에서 오지 않았나 싶습니다. 이신규 선생님의 헌신과 열정은 많은 사람들에게 큰 감동을 주었으며, 현재와 미래의 교사들에게 큰 교훈과 용기를 안겨줄 것입니다. 저도 그중 한 사람입니다. 제 교직 생활의 처음을 이신규 선생님과 함께 할 수 있어서 행복했습니다. 비즈쿨 활동, 창업아이템경진대회, 취업 등 많은 일을 함께 하면서 다양한 것들을 배울 수 있었고, 교사로서의 신념과 학생관, 바람직한 태도와 방향 등을 정립할 수 있었습니다.

 이 책은 단순한 수필집이 아니라 어떤 마음과 철학을 가지고 교직 생활을 해야 하는지 교사로서 다시 돌아볼 수 있게 하는 소중한 기록입니다. 또한, 한 사람의 삶의 이야기이면서, 다른 사람의 삶의 길잡이가 될 것입니다.

군산상일고등학교 교사 홍태의

| 추천의 글 ⑤ |

존경하고 사랑하는 장로님이자 교장선생님을 처음 만난 것은 익산고에 교사로 부임했을 때였습니다. 교직에 첫발을 내딛은 저에게 멘토이자 인플루언서 셨습니다. 36년 교직 생활의 아름다운 이야기는 선생님의 믿음과 사랑의 풍성한 열매들이었습니다. 제자들에게는 감사한 스승으로, 교사들에게는 잊지 못할 본받고 싶은 좋은 교사로, 행복 바이러스가 되어주셨습니다. 또한 한 남자로, 남편으로, 아빠로, 그리고 아들로 사랑받고 칭찬받으며 성실하고 진실하게 교직의 길을 달려오셨습니다. 정년 퇴임을 진심으로 축하드리며, 하나님께서 함께 이루실 또 다른 놀라운 일들을 기대하며 응원합니다.

처음 만났을 때부터 지금까지, 선생님은 언제나 한결같이 따뜻한 마음으로 학생들과 교직원들을 돌봐주셨습니다. 선생님의 지도 아래 많은 학생들이 자신의 꿈을 발견하고, 그 꿈을 향해 나아갈 수 있는 힘을 얻었습니다. 교사들에게는 끊임없는 격려와 지원을 아끼지 않으셨고, 그로 인해 모두가 하나의 목표를 향해 나아갈 수 있었습니다. 또한, 선생님의 가르침은 단순한 지식 전달을 넘어서, 학생들에게 삶의 방향을 제시하고, 인생의 길을 밝혀주는 등불과 같았습니다.

가정에서는 사랑이 넘치는 남편이자 아빠로, 언제나 가족을 최우선으로 생각하시며, 바쁜 와중에도 가족과 함께하는 시간을 소중히 여겼습니다. 부모님께는 효도하는 아들로, 그 마음 씀씀이가 남다르셨습니다. 이러한 모든 모습들이 합쳐져, 선생님은 우리 모두에게 존경받고 사랑받는 분이 되셨습니다.

선생님의 정년 퇴임을 맞아, 그동안의 노고에 깊이 감사드리며, 앞으로도 건강과 행복이 가득하기를 기원합니다. 하나님께서 선생님의 앞날에 더욱 큰 축복을 내리시길 바라며, 언제나 응원하겠습니다.

전주신흥중학교 교사, 교육목사 **백종현**

| 추천의 글 ⑥ |

스승이라는 단어의 뜻은 '가르쳐 올바르게 이끌어주는 사람'을 말합니다. 이신규 선생님을 처음 만난 것은 단순한 교실 안에서가 아니라 '청소년 비즈쿨'이라는 사업을 통해서였습니다. 그 만남은 제 인생에 큰 영향을 미쳤습니다. 이신규 선생님은 많은 부분에서 저를 가르치고 이끌어 주셨고, 그 결과 저는 참 스승을 만났다고 생각합니다. 선생님은 아이들을 아끼고 좋아하는 마음을 근간으로 하여, 가르침 속에 진심을 담아 전해주셨습니다.

이번 수필집은 단순히 교사 생활에 대한 이야기만을 담고 있는 것이 아닙니다. 선생님의 삶 속에서 나누고 싶은 소소한 이야기들이 담겨 있어, 이를 통해 많은 이들에게 기쁨과 행복을 전파할 것입니다. 선생님의 글에는 따뜻한 마음과 진심이 가득하며, 이를 읽는 사람들마다 큰 감동을 받을 것이라고 확신합니다.

이신규 선생님은 교사로서뿐만 아니라, 한 인간으로서의 다양한 삶의 이야기들을 나누어 주십니다. 이 수필집을 통해 선생님의 삶 속에서 배울 수 있는 많은 것들을 기대하고 있습니다. 아이들을 향한 사랑과 진심이 담긴 이야기는 독자들에게 큰 울림을 줄 것입니다. 또한, 선생님의 가르침과 삶의 지혜가 담긴 글을 통해 많은 이들이 삶의 방향을 찾고, 그 길을 따를 수 있는 힘을 얻을 것이라고 믿습니다.

이번 수필집이 단순한 읽을거리가 아니라, 많은 사람들에게 감동과 영감을 주는 책이 되기를 기대합니다. 이신규 선생님의 이야기가 더 많은 사람들에게 전달되어, 그 가르침과 사랑이 널리 퍼지기를 바랍니다. 앞으로도 선생님의 따뜻한 가르침이 더 많은 사람들에게 전해지기를 기대하며, 이 수필집을 통해 많은 이들이 기쁨과 행복을 느끼 기를 바랍니다.

창업진흥원 팀장 **윤여경**

| 추천의 글 ⑦ |

교사로서의 아버지를 마주할 때면 단지 사명감으로 설명되지 않는 그 이상의 것이 느껴지곤 했다. 이제 갓 입사 6년차를 넘기고 있는 나에게도, 교사생활 30년을 찬찬히 톺아보는 한 문장 문장이 마치 지금 내 눈앞에 펼쳐지는 이야기처럼 선명히 느껴졌다. 오래전 야학에서 만났던 학생들, 일상의 순간들 마다 아직까지 제자들의 이름, 얼굴과 그들이 가진 이야기를 선명하게 떠올릴 수 있게 하는 힘은 바로 사랑일 것이다.

자식을 바라보는 눈으로 제자들을 바라보는, 그 눈빛 속에 담긴 무한한 애정과 신뢰를 경험한 학생이라면 그것이 언젠가 큰 양분이 되어 사회 어디에서든 단단하고 곧게 자라날 것이라고 믿는다. 그리고 그것은 그어떤 화려한 퇴임식 보다도 아버지의 가장 큰 자부심이 될 것이다.

장장 30년이 넘는 길고 긴 레이스를 무사히, 그것도 아주 성공적으로 완주한 아버지를 마음 깊이 존경하며 책을 읽었다. 교사라는 직업을 가진 사람들 뿐만 아니라 지금 나의 일이 힘들다 느껴지는 사람 이라면 누구든 이 책을 읽어보길 바란다. 담담히 써내려간 일기 같은 이야기들을 읽어내려가다 보면 자신의 일을 사랑하고, 그안에서 가치를 찾는 방법을 분명히 알게 될 것이다.

가족대표, 며느리, 밤동산 작은도서관 운영총괄 **황휘령**

| 작가의 글 |

교직생활을 마치며…

　36년의 교직 생활을 마무리하며 펜을 들었습니다. 1989년, 청소년 야학 교사와 정규 교사를 동시에 시작해서 지금까지 이어진 이 긴 여정에서 느낀 경험과 감정들은 너무도 다채롭습니다. 정년 퇴임을 앞두고 이 순간들을 돌아보니, 마치 긴 여행을 마친 듯, 발자국마다 깊은 울림이 남아있습니다.

　처음 교단에 섰던 순간부터, 1년간의 야학 교사 생활은 비록 짧았지만, 그 시간은 제 인생에 깊은 색을 입혔습니다. 장관상 7개를 비롯해 여러 상을 수상하며 그 성과를 인정받는 것도 기쁘지만, 법인 이사장님의 세 차례 표창장은 저에게 더욱 특별한 의미를 지닙니다. 미래상 상경진대회에서 4년 연속 대상을 수상하고 장관상과 함께 미국 실리콘밸리로의 연수를 경험한 것은 제 인생에서 특별한 순간들이었습니다.

교육의 현장에서 전국비즈쿨교사협의회 회장으로서 청와대에서 창업인들과 대화하는 기회를 가진 것, 그리고 20개가 넘는 특허를 보유하게 된 것 등, 제 교직 생활은 단순히 교실을 넘어서는 다양한 경험으로 가득 찼습니다. 전국을 40만 km 이상 돌아 다니며 비즈쿨 운영에 참여한 것 또한 다른 자랑거리입니다. 학문적으로는 박사학위를 취득했으며, 또 다른 석사 과정을 진행 중이기도 합니다. 늦은 밤 스터디카페에서 공인중개사를 비롯한 여러 자격증을 취득하기 위해 공부했던 시간들도 소중한 추억으로 남아있습니다. 하지만 제가 가장 소중히 여기는 것은 학생들, 동료 교사들 그리고 학부모님들과의 다양한 경험입니다. '가고 싶은 학교', '가치 있는 교육'을 만들기 위해 노력했습니다. 그러나 회고해 보면, 학생들에게 잘못했던 일들이 가슴에 남아 고스란히 아픔과 상처로 각인됩니다. 저는 이 모든 경험을 글로 남겨보기로 결심했습니다. 아련했던 기억들이 글을 통해 되살아나면서, 마치 새롭게 교직 생활을 하는 듯한 경험을 하게 되었습니다.

이신규

| 목 차 |

무궁화꽃이 피었습니다

추천의 글　　005
작가의 글　　021

| chapter. 01 학교 |

무궁화꽃이 피었습니다　029
1000원짜리 넥타이핀　034
가을　037
투신학생　039
가출학생　042
큰산　046
[사설] 익산고를 보고 배워라　049
3인방　052
신우회　055
의자　058
운동장 생일파티　060
임용장 교부식　063

비즈쿨	066
슬라이스 잼	070
원터치 텀블러	074
모기퇴치 섬유유연제	078
다양한 배경화면 칠판	082
해외교류	086
등교맞이	090
취임일에 퇴임을 생각하며	093
졸업식을 바라보며	097
교장실	100
졸업생들이 써준 각서	103
회복탄력성	104
학교앞 버스 정류장	107
선생님과 내맘대로 표창장	108
한강유람선	110

무궁화꽃이 피었습니다

| chapter. 02 가족 |

'시'라는 글자를 '내'자로 고치기   116
엄마와 비비빅   118
커피와 콜라   120
엄마의 뜨개질   122
아픈 손가락   124
산소   126
구두끈   128
장교 임관식   132
웨딩드레스   135

| chapter. 03 나 |

그간의 성원에 감사드립니다   140
걸어서 서울까지   142

자전거로 서울까지 147
가나다라마바사의 봄 152
장로와 무당친구 153
2014년 1월21일 페이스북 156
2주금식 157
모바일신분증 161

| chapter. 04 외국 |

바라나시 166
까만눈동자 169
쏟아지는 별 172

chapter. 01

학교

무궁화꽃이 피었습니다 · 1000원짜리 넥타이핀 · 가을 · 투신학생 · 가출학생 · 큰산 · [사설] 익산고를 보고 배워라 · 3인방 · 신우회 · 의자 · 운동장 생일파티 · 임용장 교부식 · 비즈쿨 · 해외교류 · 슬라이스 잼 · 원터치 텀블러 · 모기퇴치 섬유유연제 · 다양한 배경화면 · 칠판 · 등교맞이 · 취임일에 퇴임을 생각하며 · 졸업식을 바라보며 · 교장실 · 졸업생들이 써준 각서 · 회복탄력성 · 학교앞 버스 정류장 · 선생님과 내맘대로 표창장 · 한강유람선

무궁화꽃이 피었습니다

　대학을 막 졸업하고 교사로서의 새로운 생활을 시작한지 겨우 두 달이 지났을 때, 후배의 간곡한 부탁으로 청소년학교(야학)를 겸하게 되었다. 예상치 못했던 야학 생활은 나에게 신선함을 안겨주었다. 학교에서의 직원 조회는 전달 사항이 전부였지만, 매주 수요일 저녁 9시 30분에 열리는 야학의 직원 조회는 풍부한 토론으로 이루어져 있었다. 때론 새벽 세시까지 이어지는 논쟁은 야학의 진로에 대한 열정적인 고민의 표현이었다. 야학의 가장 중요한 논쟁의 핵심은 야학의 나아갈 길이었다. 검정고시 중심의 야학이 되어야 한다는 주장과 학생들이 일상의 학교생활을 느낄 수 있도록 다양한 경험을 제공하는 생활 야학이 되어야 한다는 주장이 팽팽히 맞섰다. 무엇보다도 무보수로 봉사하는 야학교사의 정신은 맑고 아름다웠고, 나에게는 생각지도 못했던 신선한 경험이었다.

   후배의 개인적인 사정으로 인해, 나는 후배 대신 학급을 맡게 되었다. 내가 책임지게 된 학급의 학생은 총 다섯 명이었다. 가장 어린 이설화는 19살로 반장을 맡았다. 25살의 건달 박준, 23살의 중국집 배달원 김경범, 공장에서 일하는 22살의 김경미, 그리고 40살의 미용실 아줌마까지... 결석이 가장 많았던 박준은 결석한 다음 날이면 꼭 학교로 와서 내 앞에서 무릎을 꿇고 용서를 빌었다. 나와 박준의 나이 차이가 불과 4살인데도 준이는 항상 나에게 지나친 예의를 갖추었다. 가장 명랑한 경범이는 중국집에서 쓰는 배달용 오토바이를 가지고 있어서 우리 반의 유일한 교통수단이 되어주었다. 수요일의 직원 조회를 제외하고는, 학교를 마치고 나면 경범이는 준이를 오토바이에 태우고 나머지 학생들과 나는 택시나 버스로 이동하면서 놀러 다녔다. 우리와 가장 잘 어울리지 못했던 미용실 아줌마는 항상 정해진 시간이 되면 우리들의 머리를 깔끔하게 잘라주었다. 차분한 경미는 야간에 근무하는 날을 제외하고는 학교에 결석하는 일이 거의 없었다. 그리고 반장인 설화는 이름그대로, 꽃처럼 예뻤다.

명랑한 경범이는 중국집 배달일을 즐겁게 했지만, 준이는 결석하는 날 가끔 싸움을 벌여 걱정이 많았다. 그래서 어떤 날은 경범이의 배달용 오토바이를 함께 타고 준이를 찾아 돌아다니곤 했다. 그러나 야학 생활을 하면서 가장 가슴 아팠던 일은 준이보다는 설화에게서 발생했다. 반장인 설화가 1주일이 되어도 학교에 나오지 않아서 우리는 수업을 마치고 명산동 산동네에 있는 설화네 집으로 가정방문을 갔다. 그곳에서 우리는 충격적인 소식을 들었다. 설화는 강도에게 공격당해 병원에 입원해 있는 상태였다. 병원에 입원해 있는 설화의 모습에 나와 미용실 아줌마는 얼마나 울었는지 모른다. 소식을 들

은 야학교사들은 돈을 모아 설화의 병원비를 충당했다. 물론 우리 학급도 돈을 모았다. 설화의 입원 동안 우리는 병원에 자주 들락거렸고, 설화의 몸과 마음은 서서히 회복되었다. 그렇게 우리들의 봄날은 지나가고 있었다.

　설화가 퇴원하고, 준이의 싸움도 줄어들고, 경미의 야간 일도 줄어들 무렵 우리는 더 자주 놀러 다녔다. 따뜻한 봄바람 속에서 준이를 태운 경범이의 오토바이와 나머지 우리를 태운 버스는 서로 앞서거니 뒤서거니 하며 손을 흔들던 우리들의 모습과 머리카락이 흩날리던 준이의 모습이 지금도 생생하다. 학교가 끝나면 시민문화회관 마당에서 닭싸움 놀이를 하고, 문이 닫힌 시민문화회관 정문에 있는 기둥에서 말박기 놀이를 하며, 새벽이 될 때까지 '무궁화꽃이 피었습니다' 놀이를 했다. 닭싸움 놀이와 말박기 놀이는 잠깐하고, 대부분의 시간을 '무궁화꽃이 피었습니다' 놀이에 폭 빠져 있었다.

따뜻한 봄날, 우리의 젊은 시절을 밝히던 칠흑 같은 밤하늘에 외치던 말, "무궁화꽃이 피었습니다!"

며칠 전 시민문화회관 앞을 지나가는데 리모델링 공사가 진행 중이었다. 이미 몇 년 전에 폐관되어 예술의전당이 다른 곳에 건립되었고, 이제야 시민문화회관을 리모델링하고 있었다. 그 기둥을 보는데 눈시울이 뜨겁게 달아올랐다. 우리가 함께 그토록 외쳤던 '무궁화꽃이 피었습니다'라는 말이 지금쯤 우리 모두의 마음속에 꽃으로 피어 나고 있을까? 지금 그 아이들은 어떤 꽃을 피우며 살아가고 있을까?

1,000원짜리 넥타이핀

해마다 스승의 날이 되면, 나는 명희에게 받았던 선물을 기억한다. 30년 전 내가 재직했던 학교는 언덕 위에 있었고, 학생들이 등교할 때면 마치 등산을 하는 느낌이었다. 당시 나는 학생부 교사로서 언덕 위에서 등교 지도를 하고 있었는데, 새로 입학한 명희가 목발을 짚고 힘겹게 올라오는 모습을 처음 보게 되었다. 명희는 두 개의 목발을 짚고도 항상 웃음을 잃지 않았다. 친구들의 부축을 받으며 올라오기도 했지만, 대부분 부모님의 도움을 받았다. 어느 날, 부모님에게 문제가 생긴 후 명희는 혼자 언덕을 올라야 하는 상황이 발생했다. 나는 기꺼이 명희를 업고 교실까지 날랐다. 힘이 들었지만, 마치 내가 부모라도 된 것처럼 아무런 거리낌 없이 명희를 업고 언덕을 오르고 내렸다. 명희는 단지 고맙다는 말 외에는 다른 말을 하지 않았다. 지금 생각해보면, 그때 우리 사이에는 대화가 거의 없었던 것 같다.

그렇게 30년 전, 어김없이 스승의 날이 왔다. 항상 스승의 날이 되면 마음이 무거웠다. 과연 내가 스승으로서의 자질이 있는지 점검해 볼 때마다 너무나 부족한 나의 모습이 부끄러웠기 때문이다. 그래도 여학교의 총각 선생님이었던 나는 여학생들 사이에서 인기가 많았다. 나의 인성과는 상관없이 여고생들에게 총각 선생님은 항상 로망의 대상이었기 때문일 것이다. 변함없이 책상에 수북이 쌓인 선물들과 편지들을 정리하고 업무를 마무리하니 날이 어두워졌다. 선생님들과 학생들은 이미 학교를 떠난지 3시간 정도 지났고, 나는 선물들을 승용차 트렁크에 싣고 퇴근하면서 언덕을 내려 오고 있었다. 앞 교문 가로등 밑에 명희가 목발을 짚고 서 있는 것이 보였다. 나는 차에서 내려 명희에게 물었다. "명희야! 하교 시간이 3시간이나 지났는데 왜 여기있는 거야?" 명희는 아무 말 없이 스승의 날 선물을 내밀었다. 그것은 포장도 어설프게 되어 있는 1,000원짜리 넥타이핀이었다.

나는 명희를 차에 태우고 집에 데려다주면서 눈물을 참을 수가 없었다. 교직 생활 30년이 지난 지금까지도, 가로등 밑에서 목발을 짚고 서 있는 명희의 모습은 선명하다. 그 가로등은 30년간 내 교직 생활을 지탱해준 등불이 되었고, 1,000원짜리 넥타이핀은 나에게는 최고의 선물이 되었다.

지금도 스승의 날이 되면, 나는 명희를 떠올린다. 명희의 용기와 감사의 마음은 나에게 큰 힘이 되었고, 교사로서의 자부심을 느끼게 해주었다. 그날의 작은 선물은 내게 언제나 빛나는 추억으로 남아있다. 명희가 준 1,000원짜리 넥타이핀은 값비싼 보석보다도 더 소중하고 의미있는 선물이었다. 그것은 내가 왜 교사가 되었고, 왜 이 일을 계속해야 하는지를 다시금 깨닫게 해주는 중요한 등불이었다.

가을

우리 학교에는 특별한 학생이 있습니다. 이름은 김여름. 여름이는 이름 그대로 밝고 화사한 에너지를 가진 학생입니다. 그래서 나는 이 학생에게 계절에 따라 이름을 불러주곤 했습니다. 올 가을엔, 여름이는 '여름'이 아닌 '가을'이었습니다.

가을의 낙엽이 우리를 둘러싼 풍경 속에서, 나는 여름이에게 "가을아, 사진 찍자!"라고 불렀습니다. 여름이는 아무렇지도 않게 웃었고, 그녀의 미소는 따뜻한 가을 햇살을 닮아 있었습니다. 그 순간을 담은 사진은 우리에게 소중한 추억이 되었습니다.

나는 우리 모두가 자신만의 계절 이름을 가지는 것에 대해 생각해 보았습니다. 그래서 결정했습니다. 나도 계

절에 따라 다른 이름을 가지기로 했습니다. 봄이 오면 '신규', 여름에는 '열정', 가을에는 '사랑', 겨울에는 '인내'로 불릴 것입니다.

   이러한 이름의 변화는 그저 이름을 바꾸는 것이 아니라, 각 계절이 가지는 독특한 의미와 가치를 인지하고 그것을 자신의 일상에 녹여내기 위한 시도입니다. 계절별로 변하는 나의 이름은 저 스스로에 대한 새로운 이해와 성장을 가능케 합니다.

   그럼 여러분, 만약 자신만의 계절 이름을 가진다면, 여러분의 가을 이름은 무엇일까요? 나의 가을 이름은 '사랑'입니다. 이 가을, 나는 그 이름에 걸맞게 사랑에 대한 깊은 이해와 감사함을 느끼며 한 해를 보내려 합니다.

투신학생

신영이는 마치 영화 속 배우처럼, 우리 집에 와서 내 앞에서 무릎을 꿇고 앉아 있었다. 신영이의 담임으로서 나는 그녀의 삶과 함께한 우여곡절이 많았다. 사고를 치고 병원에 입원했던 그녀는, 4층 병실의 창문을 통해 세상을 떠나려 했으나, 다행히 2층 난간에 걸려 큰 부상을 입고 말았다. 그 사건 이후 한 달도 채 지나지 않아, 자취방에 불을 지르는 대형사고를 치고 말았다. 나와 함께 파출소에서 신영이와 조사를 받던 날, 신영이의 명랑하고 밝은 모습 뒤에 숨겨진, 부모의 이혼으로 인한 깊은 상처를 엿볼 수 있었다.

신영이는 평소 밝고 활달한 성격으로 주변 사람들과 잘 어울렸지만, 때때로 겪는 심리적 고통은 그를 대형 사

고로 이끌었다. 영화에서 본 배우처럼, 그는 우리 집까지 찾아와 무릎 꿇고 용서를 구했다. 나는 그의 진심을 받아들여 다시 용서했다. 부모님의 이혼이 그에게 남긴 상처는, 그가 할머니와 단둘이 살면서 겪는 불행을 세상에서 가장 크고 아픈 것으로 느끼게 했다. 우리 모두가 가끔 그렇듯, 신영이도 자신의 아픔을 가장 크게 여기며 살아가다 타인의 고통을 통해 비로소 조금의 위로를 찾는, 어쩌면 위선적인 생각에 사로잡혔다.

　그렇게 30년의 시간이 흘렀지만, 액션 영화를 볼 때마다 그 아이가 떠오른다. 지금쯤 신영이는 어떤 삶을 살고 있을까? 나는 가끔 신영이를 생각하며, 그녀가 지금은 평화롭고 행복한 삶을 살고 있기를 바란다. 어린 시절의 상처와 아픔을 딛고, 성숙한 어른으로 성장해 있을지도 모른다. 그녀의 웃음 속에 담겨 있던 슬픔과, 그 슬픔을 이겨내기 위한 몸부림이 이제는 더 이상 고통스럽지 않기를 희망한다.

　30년이 지난 지금, 나는 여전히 교사로서 학생들과 함께하며 그들의 아픔을 이해하고 도와주려 노력한다. 신영이와의 기억은 나에게 교사로서의 사명을 다시금 되새기게 해준다. 학생들의 상처와 고통을 이해하고, 그들이 더 나은 미래를 향해 나아갈 수 있도록 돕는 것이 내가 해야할 일임을 말이다.

　신영이가 지금 어디서 무엇을 하고 있을지 모르지만, 신영이의 용기와 진심은 내게 큰 가르침을 주었다. 신영이가 어느 곳에서든 행복하게 살기를, 그리고 자신의 아픔을 극복하고 새로운 삶을 찾기를 바란다.

가출학생

영미가 가출을 했다. 고등학교 1학년이 되면서 낯선 환경에 적응하지 못하거나 가정 문제로 인해 가출하는 학생들이 종종 있었다. 이러한 경우, 대부분은 심각한 가정 문제로 인해 학교를 중도 포기하는 상황으로 이어지기도 하지만, 순간적인 충동으로 인한 가출은 대개 일주일을 넘기지 못하는 경우가 많다. 나 자신도 고등학교 3학년 때 검정고시로 졸업하려는 마음에 가출했다가 3일 만에 독서실에서 아버지에게 잡혀 온 경험이 있다. 이런 경험으로, 충동적인 가출은 대개 스스로 돌아오게 되어 있다.

하지만 부모님과 담임선생님 입장에서는 아이들을 그저 기다릴 수만은 없는 법이다. 나 역시 가출 경험이 있었던 터라, 지난 몇 년 동안 10번 이상 가출한 학생들을 찾아 다녔다. 때로는 이러한 상황들이 하나님의 교훈처럼 느껴지기도 했다. 그래서 우리 반에 가출한 학생이 생길 때마다, 나는 사명감을 가지고 그들을 찾아 나선다. 그리고 나의 경험이 그랬듯이 대부분의 경우, 학생들은 어떤 흔적을 남기곤 한다. 친한 친구에게만 비밀로 말하거나, 평소 자주 가던 곳을 찾아가거나, 오락실에 앉아 있는 경우가 많았다. 그래서 대개는 친한 친구를 잘 설득하면 찾을 수 있었다.

그러나 영미의 경우는 달랐다. 이 추운 겨울에 영미는 친한 친구도 없었고, 어떠한 흔적도 남기지 않았다. 영미의 갑작스러운 가출은 나를 당황스럽게 만들었다. 영미를 찾기 위한 단서가 없었기 때문에, 어디서부터 어떻게 찾아야 할지 막막한 상황이었다.

영미를 찾는 과정은 여간 복잡한 것이 아니었다. 쉬는 시간, 점심시간, 심지어 퇴근 후까지도 포함해 매일 10번이 넘게 승용차로 시내를 무작정 돌았다. 수없이 많은 시간과 노력 끝에, 3일째 되던 날 길거리에서 영미를 발견했다. 차를 세우고 그녀에게 달려가는 순간, 영미가 나를 보고 도망치기 시작했다. 이 상황은 주변 시민들에게 이상하게 보였을 것이다. 화장을 진하게 한 여자아이가 도망가고, 젊은 남자가 그녀를 쫓는 모습이 선생님이 가

출한 학생을 찾아가는 모습처럼 보이지 않았을 테니까.

　결국 영미를 붙잡았고 영미네 집 근처로 향했다. 차 안에서 영미를 엄청나게 혼냈다. 영미의 집은 바닷가 근처에 위치해 있었다. 집에 데려다주기 전에 바닷가 근처에 차를 세우고, 차 안에서 한 시간가량 혼내기도 하고 달래기도 하면서 많은 이야기를 나누었다. 지금은 기억도 나지 않는 이야기들이었지만, 그 시간만큼은 결코 잊을 수 없다.

　그 어둡고 추운 겨울 저녁, 바다를 향해 주차된 승용

차 안에서 영미와 대화를 나누던 그날은 잊을 수 없는 기억으로 남아 있다. 전조등을 켜놓고 이야기를 나누는 도중, 함박눈이 내리기 시작했다. 전조등 빛에 반사되어 차 앞 유리로 달려오는 눈송이들이 마치 우리가 있는 곳으로 몰려오는 듯한 아름다운 광경을 연출했다. 가출한 학생을 혼내던 중에도, 너무나 아름다운 함박눈은 분위기를 낭만적으로 바꾸어 놓았다. 그날 이야기를 마치고 영미를 집에 데려다 준 후, 영미는 다음날부터 학교에 잘 다니기 시작했고, 졸업 후 대학에도 진학했다.

아마 20년도 지난 이야기인데도, 오늘처럼 출근길에 눈이 내리며 승용차의 앞 유리에 부딪히면 영미가 생각난다.

큰산

학교를 옮기는 걸 전근이라고 하는데, 사립학교에서 사립학교로 전근 가는 건 쉬운 일이 아니다. 공립학교는 전근이 비교적 자유롭지만, 법인이 다른 사립학교 간 전근은 그렇지 않다. 그래도 새로운 도전을 위해 과감하게 사립학교 전근을 결심했고, 결국 학교를 옮기게 됐다.

새로 부임한 익산고등학교는 시골에 있는 아름다운 학교였다. 시골의 학풍이 살아 있고, 교사들과 학생들의 성품도 잔잔하고 순수했다. 하지만 다 좋은 것만은 아니었다. 8년 반 동안 몸 담았던 직전의 학교는 아직도 나에게 고향 같은 곳이었다. 그곳에서 젊음을 불태웠고, 수많은 시행착오를 겪으며 정든 사람들이 많아서 전근은 정말 어려운 결정이었다.

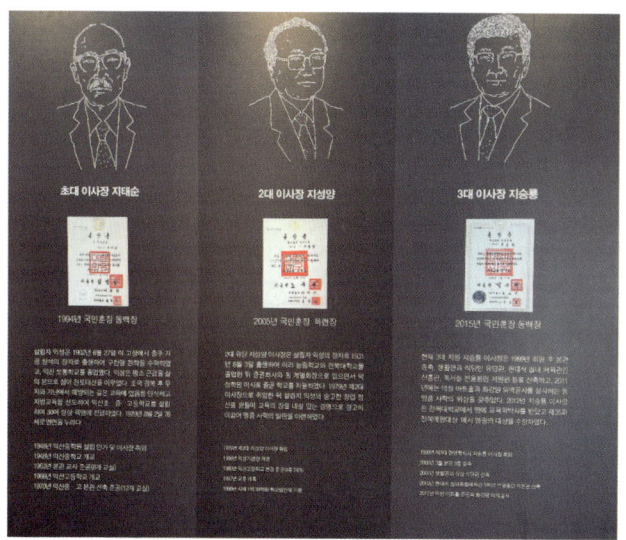

　지금은 3대 이사장님이 학교를 운영하고 계시지만, 내가 부임했을 때는 2대 이사장님이 운영하고 계셨다. 이사장님은 선생님들을 존중하시고, 업무와 수업에 방해가 될까봐 분기에 한 번씩 학교를 방문하셔도 교장실만 들르시는 조용한 분이셨다. 어느 날 이사장님이 교장실에 오셨고, 나는 교감선생님의 안내를 받아 새로 부임한 교사로서 이사장님께 인사를 드리기 위해 교장실에 들렀다. 처음 본 이사장님의 모습은 뒷 모습이었다. 교장선생님과 마주하고 계셨지만, 나는 이사장님을 등지고 있었기 때문이다. 교감선생님께서 새로 부임한 교사라고 소개하자마자 이사장님께서는 벌떡 일어나 나에게 다가와 악수를 청하셨다. 그 모습에 너무 놀랐고 감동적이었다. 그냥 자연스럽게 앉아서 인사를 받아도 되는 상황에서 벌떡 일어나 다가온 이사장님의 모습은 깊은 인상을 남겼다.

지금도 가끔 이사장님을 생각하면 이사장님의 앞 모습보다는 등지고 있는 뒷 모습이 큰 산처럼 기억에 남는다. 이사장님은 돌아가시면서 유언으로 300억 원의 자산을 학교에 기증하셨고, 그때부터 나와 몇몇 동료는 전국을 돌아다니며 영재반 학생 모집을 시작했다.

항상 내게 큰 산으로 기억되는 이사장님이 그립다. 그의 뒷 모습은 언제나 내 마음 속에 큰 산으로 자리 잡고 있다. 이사장님의 그 품격과 겸손함을 잊지 않으려 노력하며, 그의 유산을 이어받아 학생들에게 더 나은 교육을 제공하기 위해 오늘도 나는 힘을 내어 걸어간다.

[사설] 익산고를 보고 배워라

　농촌의 한 평범한 종합고가 올해 대학수학능력시험에서 돌풍을 일으킨 것은 공교육이 나아갈 길을 시사해준다. 전북 익산시 금마면 동고도리의 익산고는 정원을 채우기 조차 힘들었던 하위권 학교였지만 올해 도내 전체수석을 배출하는 등 '빛나는 반란'을 일으켰다. 학교재단의 과감한 투자와 경쟁력 있는 교육방식을 도입한 교사들의 열정이 빚어낸 결과다.
　이번 수능에서도 재수생 강세가 이어지면서 '고4시대'가 굳혀졌다는 지적이 나올 만큼 공교육의 신뢰는 추락했다. 학교는 사고력과 판단력을 중시하는 수능에 맞춰 교육하기보다 암기식 주입식 수업과 '내신 부풀리기'로 학력을 떨어뜨린다는 비판을 받고 있다. 내년부터 과

> 오피니언 > 사설
>
> ## [사설]익산고를 보고 배워라
>
> 업데이트 2009-10-10 07:39
> 입력 2003-12-05 18:56

 목선택제와 심화학습 중심의 7차 교육과정이 본격화하는데 현행 공교육시스템이 제대로 가르칠 수 있을지 걱정스럽다.
 이 같은 현실에 비추어볼 때 익산고는 바람직한 대안으로 다가온다. 비평준화지역의 익산고는 학생수준에 맞춘 영재학급을 편성해 교사가 1대1 지도를 하는 등 공교육의 경쟁력을 높이려 애썼다. 사실상 자립형 사립고 역할을 한 셈이다. 일반학급 학생들도 이에 자극받아 수능점수가 올라갔다니 더욱 다행스럽다.
 물론 고교가 대입만을 위한 기관이 돼서는 안 될 것이다. 그러나 언제까지 학생들이 막대한 사교육비를 쓰며 학원을 전전하거나 조기유학을 떠나야 할 것인가. 특히 서울의 경우 시교육감은 7년의 재임기간 동안 공교육의 질을 높이지도 못했으면서 강북지역 자립형사립고와 특목고 설립을 반대하고 학원단속에 몰두하는 등 '하향평

준화' 교육철학을 고수해 원성을 사고 있는 실정이다.

    공교육을 이대로 두어서는 안 된다. 10월 노무현 대통령도 연말까지 사교육비를 확실히 줄이는 대책을 내놓겠다고 했다. 사교육비를 줄이는 가장 적확한 정책은 부실한 공교육을 정상화하는 것이다. 교육당국은 익산고의 사례를 통해 공교육의 질을 획기적으로 높이는 것만이 바람직한 교육개혁임을 알아야 할 것이다.

(동아일보, 2003.12.5. 사설)

3인방

이사장님이 유증하신 학교발전기금에 힘입어 우리 3인방은 영재반을 모집하기 위해 전국을 다녔다. 평일에는 교체수업을 하면서 인근 지역을 돌았고, 주말에는 서울에 있는 중학교와 경기도에 있는 학원들, 그리고 내가 맡은 광주와 군산 지역을 방문했다.

수많은 학원과 학교 방문의 추억이 새롭다. 어떤 곳은 우리를 존중하고 경청해주었지만, 많은 곳에서는 문전박대를 당하는 것이 일상이었다.

무슨 영업사원을 대하듯 무시하는 태도에 힘들 때가 많았다. 그쪽에서도 처음 듣는 학교 이름이 생소하고 낯설었을 것이다. 그럴 때마다 우리는 너무나 힘들었다.

하지만 우리의 노력이 헛되지 않았다. 우리가 모집한

학생들은 3년 만에 대학수학 능력시험에서 도내 수석을 배출했고, 5년 만에 전국 수석을 나오게 했다.

영재반 모 집 3년 만에 동아일보 사설에 '익산고를 보고 배워라'라는 글이 실리게 되어 학교는 더욱 유명해졌다.

그렇게 되자, 학교들과 학원들의 태도도 점점 좋아지기 시작했다. 생활이 어려운 공부 잘하는 학생이 우리 학교에 입학하면 모든 것이 공짜였기 때문이다.

전교생이 기숙사 생활을 하면서 기숙사비뿐만 아니라 학비까지도 무료였고, 노트북도 지원해주고, 심지어 초기에는 호주 어학연수 프로그램까지 방학 중에 진행했다.

영재반 모집 이후 20년이 지난 지금, 장학 혜택은 예전만큼 크지는 않지만, 이제는 제법 명문학교의 대열에 오르게 되었다.

학생들의 실력과 노력이 분명 중요했지만, 이들을 모집하는 우리 3인방의 노력과 학교 선생님들의 헌신이 오늘날의 명문학교를 만든 것이다.

여관방에서 방문할 학교를 결정하고 고민하며 때로는 웃고 울었던 우리 3인방 중 두분은 이미 교장으로 퇴직했고, 나도 이제 교장 퇴직을 앞두고 있다.

이 길고 험난 한 여정의 끝에서, 나는 우리가 이룬 모든 것을 되돌아보며 자부심을 느낀다. 함께했던 동료들, 헌신적인 선생님들, 그리고 열심히 공부한 학생들 모두가 그립고, 감사하다.

신우회

25년 전의 일이다. 우리는 그 시절, 학교에서 소박한 모임 하나를 조직했다. 이름하여 '신우회'. 참여 멤버는 나와 같은 30대 후반의 오 선생님, 그리고 젊은 20대 후반의 박 선생님, 백 선생님, 유일한 여성 멤버인 신 선생님까지 모두 다섯 명이었다. 매주 한번씩 모여 예배를 드리고 성경 말씀을 나누었다. 신앙에 대해 열띤 토론을 벌이는 것은 물론, 때때로 우리는 야유회를 통해 친목을 다지기도 했다.

하지만, 예배보다는 야유회가 친목보다는 스포츠 경기가 더 자주 이어졌다. 내장산으로 단풍 구경을 갔을 때도 우리는 내장산 입구 주차장에서 족구 경기를 했고, 해수욕장의 모래밭에서는 축구를, 퇴근 길에 들른 수영장

에서는 수영 대회를 열었다. 공설운동장에서는 농구도 즐겼다. 그중에서도 가장 기억에 남는 것은, 가을 햇살이 은은하게 비추던 어느 시골 초등학교 운동장에서 열린 달리기 시합이다. 오 선생님은 그날 사각 팬티만을 입고 계주를 했는데, 그 모습이 지금도 눈에 선하다. 신 선생님은 언제나 심판을 맡았고, 나와 오 선생님은 한 팀을 이뤄 경쟁했다. 우리는 평균 10살이나 어린 선생님들보다 항상 승리했고, 밥사기 내기를 했기 때문에 밥을 사본일이 거의 없고 위로하는 차원에서 차를 대접하는 것이 일상이 되었다.

그 시절의 우리는 언제나 젊었고, 경쟁도 우정의 한 방편이었다. 하지만 시간은 누구에게나 공평하게 흘러갔다. 오늘 나는 백 선생님의 목사 안수식에 참석했다. 백 선생님은 이제 목사가 되었고, 나는 그의 새로운 시작을 축하해주기 위해 자리했다. 오 선생님은 이미 정년퇴직을 맞이했고, 박 선생님은 다른 학교로 자리를 옮겼다. 신 선생님만이 우리 학교에 남아 있다.

우리가 함께한 그 많은 시간들은 이제 추억 속에서만 빛난다. 오늘 백 선생님의 목사 안수식에서 나눈 이야기들은, 그리움과 아쉬움을 동시에 안겨주었다. 25년이란 세월이 흐른 후에도 우리가 함께 했던 그 시간들은 여전히 나의 마음 한켠에 생생하게 살아있다.

의자

나의 수업 과목은 '정보사회와 컴퓨터'로, 주로 멀티실(컴퓨터실)에서 수업을 진행한다. 이론보다는 컴퓨터 실습을 통해 학생들에게 의미 있게 전달되는 수업이다. 처음 몇 번만 내가 시연을 하고 학생들에게 따라 하라고 하면 제법 잘 따라온다. 이 수업은 1학년 때 받기 때문에, 중학교를 졸업하고 갓 입학한 학생들에게는 처음에는 많이 생소하게 느껴지기도 한다.

4월의 어느날, 고등학교에 입학한지 2달도 안되는 1학년 학생들의 수업이었다. 1학년 6반 수업을 멀티실에서 진행하고 있었다. 학생 자리들을 돌며 약간의 지도를 하고, 교사용 컴퓨터에 앉아 학생들을 바라보고 있었다. 그냥 바른 자세로 앉아 있었으면 좋았을 것을, 의자에 앉아서 의자를 뒤로 밀며 혼자 장난하다가 그만 뒤로 발라당 넘어져 버렸다. 조용한 컴퓨터실에 의자가 넘어지는 소리가 너무나 크게 들렸고, 나는 아픈 것은 생각나지 않고 너무나 창피한 생각만 들었다. 어떤 모습으로 다시 일어나서 다시 의자에 앉을까 몇번을 고민하다가 조용히 모른 척하고 앉았는데, 제일 앞줄에 앉은 실장이 점잖게 한마디 하는데 그 말이 더 창피했다.

"야! 우리는 아무것도 못본 거다…"

실장의 그 한마디에 학생들은 못본 체하는 성숙함을 보였고 나는 무조건 부끄러웠다. 그러나 학생들과의 유대감은 더 깊어졌다. 30년이 넘는 교직 생활중 처음이자 마지막으로 학생들 앞에서 의자뒤로 발라당 넘어진 나의 모습을 잊을수가 없다.

운동장 생일파티

5월에는 내 생일이 있어서 해마다 생일이 되면 부담스럽다. 5월에는 어린이날, 어버이날, 스승의 날, 결혼기념일, 그리고 내 생일이 있어서 가족들도 부담스럽고, 나도 부담스럽다. 그래서 가급적이면 내 생일을 주위 사람들에게 알리는 것을 좋아하지 않는다. 올해도 어김없이 생일이 되었고 출근을 했는데, 아침조회 시간이 되기 전에 홍태의 선생님이 나를 데리고 운동장으로 나갔다.

정말 아무 생각 없이 운동장에 나가는 순간, 정말 깜짝 놀랐다. 운동장에는 두 개 반의 학생들이 하트 모양으로 서서 나의 생일을 맞아주고 있었다. 너무나 놀랐고 행복했다. 교직 생활을 시작한 이래 생일파티는 점점 진화되어 갔지만, 이렇게 운동장에서 해보기는 처음이었

다. 홍태의 선생님의 반짝이는 아이디어에 깊이 감사하고, 학생들의 정성과 마음에 감동했지만, 가슴 한편으로는 과연 내가 이런 대접을 받을 가치가 있는지 걱정이 되고 다른 선생님들에게는 어떻게 비쳐질지 미안한 마음이 들었다.

  그럼에도 불구하고 교직 생활에서 처음이자 마지막으로 화려했던 운동장 생일파티는 나에게 진한 감동으로 남아 있다. 학생들의 밝은 얼굴과 진심어린 축하를 받으며, 그 순간만큼은 모든 부담을 내려놓고 순수한 기쁨을 느꼈다. 생일파티가 끝난 후, 나는 홍태의 선생님과 학생들에게 깊은 감사를 전했다. 그들의 따뜻한 마음과 정성 덕분에 잊지 못할 생일을 보낼 수 있었다. 생일파티가 끝난 후에도 그날의 기억은 오래도록 내 마음속에 남아 있을 것이다. 학생들의 사랑과 응원은 나에게 큰 힘이 되었고, 교사로서의 자부심을 느끼게 해주었다. 앞으로도 나는 학생들에게 최선을 다하며, 그들의 성장과 행복을 위해 노력할 것이다.

운동장에서의 생일파티는 나에게 단순한 축하 이상의 의미가 있었다. 운동장의 하트 모양 속에서 나는 사랑받고 있음을 깨달았다. 아이들의 맑은 눈동자와 환한 웃음이 가득했던 그 순간은 나의 교직 생활 중 가장 빛나는 장면이었다.

감사하고, 행복한 생일이었다.

임용장 교부식

우리 경희가 농협은행에 최종 합격하였다. 그 해에는 전라북도에서 농협중앙회에 정식 직원으로 최종 4명이 합격하였으니 정말 대견하고 감사한 일이었다. 대학을 졸업하고 은행에 취업하기도 어려운데, 고등학교를 졸업하면서 바로 취업한다는 것은 참으로 기쁜 일이었다. 그리고 농협은행에서는 다른 은행과는 달리 더 특별한 행사를 하는데, 그것이 '은사님과 함께하는 신규직원 임용장 교부식'이라는 행사였다. 학생이 은사님을 선택해서 행사에 참여하게 되는데, 일반적으로 담임교사를 선택하는 경우가 많다. 그런데 경희는 나를 선택해서 내가 임용장 교부식에 참석하게 되었다. 그것은 나에게 감동과 영광이었다.

    임용장 교부식에는 본부장님의 인사말씀이 있고, 은사님들은 신규 직원에게 뱃지를 달아주고, 신규 직원들은 은사님께 감사 선물을 전달한 후에 식당으로 이동해서 점심 식사를 하고 행사가 마무리된다.

    한번 계산해 보았다. 일반적으로 교직 생활을 30년으로 하고, 한 해에 졸업생을 200명으로 계산하면 내가 졸업시킨 학생은 6,000명이 된다. 담임을 하거나 직접 관계를 갖는 학생만 최소 한 해에 30명이라고 해도 900명이 된다. 이렇게 많은 학생 중에 학생이 나를 선택해서 행사를 함께한 것은 처음이었다. 경희에게 정말 고마웠고, 너무나 뿌듯하고 감동적이었다.

서로가 바빠서 자주 연락은 못하지만, 가끔씩 연락하고 소식을 전해주는 경희 덕분에 나의 교직 생활은 항상 든든했다. 경희의 성공은 나에게 큰 자부심을 안겨주었고, 교사로서의 보람을 느끼게 해주었다. 그날의 임용장 교부식은 나에게 잊을 수 없는 특별한 추억이 되었다.

경희가 계속해서 성공의 길을 걸어가기를, 그리고 어떤 어려움 속에서도 자신감을 가지고 나아갈 수 있도록 항상 응원할 것이다. 이렇듯 제자의 성공을 지켜보는 것은 교사로서의 가장 큰 기쁨이자 보람이다.

비즈쿨

 비즈쿨(Bizcool)은 비즈니스(Business)와 스쿨(School)의 합성어로, 학교 교육과정에서 비즈니스를 배운다는 의미를 가지고 있다. 2002년, 중소기업특별위원회와 중소기업청은 청소년들의 창업 마인드를 키우기 위해 비즈쿨이라는 창업교육 프로그램을 만들었다. 그 후 중소기업청과 창업진흥원이 이 사업을 이어갔고, 2002년에 5개 학교로 시작되었다. 10년이 지난 2012년, 나는 비즈쿨 전국교사협의회 회장을 맡게 되었다. 그 당시 비즈쿨 학교는 전국에 230개가 되었다.
 비즈쿨 학교는 학교 내에 창업동아리 3개 이상이 만들어지면 심사를 거쳐 비즈쿨 학교로 지정된다. 내가 이쪽에 관심을 가지게 된 이유 중 하나는 자원이 부족한 우

리나라에서 창업이 정말 중요하다는 확신을 가졌기 때문이다. 고등학교 과정에서 학생들의 창업 마인드를 개발하고, 창업 아이템 대회를 통해 학생들이 창업 아이템을 개발하는 것이 너무나 필요하다고 생각했다.

비즈쿨의 프로그램들은 다양했다. 명사 초청강연만으로도 학생들의 진로를 다질 수 있었고, 우수 중소기업 탐방이나 창업 캠프는 학생들에게 새로운 도전으로 다가왔다. 매년 연말에 열리는 비즈쿨 페스티벌은 모든 학교들이 부스를 설치해 동아리별로 만든 아이템의 시제품이나 작품들을 전시하고 판매하는 시간이 되었다. 2013년 비즈쿨 페스티벌에서는 우리 학교가 창업 아이템 경진대회에서 대상을 받게 되었고, 미국으로 해외 연

수를 가는 행운도 안게 되었다. 대상 팀뿐만 아니라 수상 팀들이 전원 미국을 가게 되었는데, 이는 교사들과 학생들에게 참신한 충격이었다. 여러 곳을 다녔지만, 가장 기억에 남는 것은 페이스북 본사를 방문해서 한국인 직원에게 안내를 받았던 일이다. 벽면에 낙서하는 곳에 내 이름도 새겨 넣었다.

또한, 전국 비즈쿨교사협의회 회장 자격으로 청와대에 초청되어 대통령과 청년 창업인과의 대화에 참석했다. 그 자리에서 100억 이상 김치 수출을 하는 대표의 이야기와 강아지 기저귀 등 다양한 청년 창업인들의 이야기를 들었다. 대통령과 함께 식사도 하고, 대통령과의 셀카도 찍었다.

    비즈쿨은 창업 마인드를 함양하고 기업가 정신을 확립하며, 학생들에게 가장 확실하고 다양한 진로를 제공한다는 것을 새삼 깨달았다. 이 프로그램을 통해 나는 많은 것을 배우고, 많은 사람들과 함께 성장할 수 있었다. 비즈쿨은 나에게 큰 의미가 되었고, 앞으로도 많은 학생들이 비즈쿨을 통해 꿈을 키우고 실현할 수 있기를 바란다.

슬라이스 잼

 슬라이스 잼은 2013년 청소년미래상상경진대회에서 대상을 수상한 혁신적인 작품이다. 평소 외출할 때나 바쁘게 끼니를 때워야 할 때 빵에 잼을 바르는 과정에서 많은 불편함을 느꼈다. 잼을 바르기 위해 숟가락을 사용하다 보면 손에 잼이 묻기도 하고, 잼 뚜껑을 열때 힘들어하는 경우도 종종 있었다. 또한, 같은 맛의 잼을 계속 먹어야 하는 지루함과 빵에 잼을 바르는 번거로움도 컸다.
 이러한 불편함을 해결하고, 빠르고 편하게 빵에 잼을 바를 수 있는 방법을 고민하던 중, 마치 치즈 슬라이스처럼 잼을 슬라이스 형태로 만드는 아이디어를 떠올렸다. 젤라틴은 현재 젤리와 푸딩 등 다양한 음식에 널리

쓰이며, 식품으로서의 안전성을 보장받고 있다. 젤라틴을 잼에 첨가하면 액체 상태의 잼이 고체 상태로 변하게 된다. 이를 슬라이스 치즈와 같은 형식으로 포장하면 기존 잼을 바를 때 겪었던 모든 불편 함을 극복할 수 있을 것이라고 생각했다.

또한, 매일 반복되는 같은 잼의 지루함을 피하기 위해, 한 봉지에 여러가지 맛의 잼을 슬라이스로 한 장씩 포장하면 소비자의 다양한 입맛을 사로잡을 수 있을 것이라고 판단했다.

이 아이디어를 창업아이템 경진대회에 제출했고, 결국 산업통상부장관상인 대상을 받는 쾌거를 이루었다. 이 상은 단지 장관상을 받은 것뿐만 아니라 해외연수의 기회까지 제공했다.

　지도교사인 나와 주은이, 지유는 미국으로 연수를 떠나게 되었다. 샌프란시스코 대학 견학과 실리콘밸리 탐방은 우리에게 생소하고 흥미로운 경험이었다. 학생들에게는 일생에 잊지 못할 추억으로 남았고, 나에게도 노력이 보람으로 느껴졌다.

　그러나, 막상 시제품으로 만든 슬라이스 잼은 맛이 없었다. 이 실패는 비록 실망스러웠지만, 우리는 여기서 멈

추지 않았다. 아이디어의 혁신성과 노력은 인정받았고, 그 과정에서 많은것을 배울 수 있었다. 비록 맛이 없다는 문제를 해결해야 했지만, 우리는 창의적 문제 해결과 도전 정신을 통해 더 나은 제품을 만들기 위한 여정을 계속 할 것이다. 슬라이스 잼은 그 시작에 불과했다.

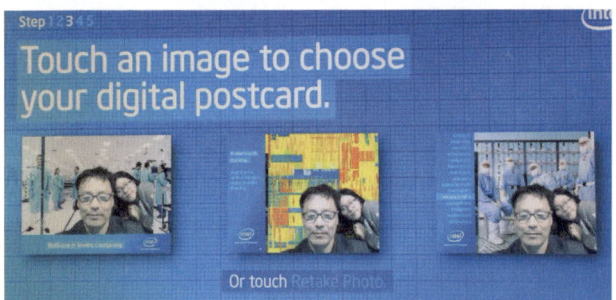

원터치 텀블러

 2014년도에는 작년에 이어 청소년 미래상상경진대회에서 '원터치 텀블러'라는 아이템으로 2년 연속 대상을 수상하게 되었다. 원터치 텀블러는 손잡이가 있는 수납식 원터치 텀블러로, 나와 태경이, 하은이는 아이템 개발 회의를 많이 했다.
 텀블러의 세계 시장 수요가 2조 원에 달한다는 이야기를 듣고 깜짝 놀라, 우리는 텀블러에 손잡이를 달고 손잡이의 위쪽 버튼을 누르면 뚜껑이 열리게 설계했다. 또한, 텀블러의 아래쪽에는 돌려서 열 수 있는 수납식 공간을 만들어, 그곳에 비상약이나 대일밴드 등 가볍게 소지할 수 있는 물품을 보관할 수 있도록 했다.
 시제품을 만드는데 많은 선생님들이 도와주셨다. 미

술 선생님은 텀블러에 그림과 색을 입혀 주셨고, 기술 선생님은 발표 자료를 파워포인트로 만드는데 큰 도움을 주셨다. 국어 선생님은 발음 부분을 도와주셨다.

지난해와 마찬가지로 우리 학생들은 발표 할 때 원고를 가지고 와서 읽거나, 급하게 말하거나, 시선을 한곳에 집중하는 일을 하지 않았다. 우리는 철저하게 원고를 외우고 발표할 때는 심사위원들을 골고루 바라 보면서 침착하게 천천히 발표했다. 최소한 60번 이상은 연습하면서 자신감을 키웠고, 그 결과 대상을 받을 수 있을 거라는 확신이 생겼다.

2013년 비즈쿨 페스티벌에서 창업아이템 경진대회 대상, 2013 청소년 미래상상경진대회 대상, 그리고 이번

 2014 청소년 미래상상경진대회 대상까지, 우리는 3년 연속 미국 연수를 가게 되는 쾌거를 이루었다. 2013년 12월, 2014년 1월, 그리고 2015년 1월에 걸쳐 이룬 연속된 성과였다.
 이 성과는 단지 학생들이 교실에서 책과 컴퓨터로 세상을 바라보는 것이 아닌, 세상 속으로 나가 직접 체험하고 소통하는 것이 참교육이라는 것을 깨닫게 했다. 실

리콘밸리의 많은 기업들을 방문하며 도전을 받고, 새로운 아이디어와 영감을 얻는 귀중한 계기가 되었다.

　학생들에게는 일생에 잊지 못할 추억이 되었고, 나에게도 지도교사로서의 보람을 느끼기에 충분한 시간이었다. 원터치 텀블러의 성공은 우리에게 또 다른 도전과 기회의 문을 열어 주었고, 이 경험을 바탕으로 앞으로도 혁신적인 아이디어를 현실로 만드는 노력을 계속해 나갈 것이다.

모기퇴치 섬유유연제

2015년에도 우리는 3년 연속 산업통상자원부가 주최하고 한국산업기술진흥원이 주관한 '청소년 미래상상 기술경진대회'에서 영예의 대상을 수상했다. 우리 창업동아리 팀인 '창업사랑동아리'는 5월에 계획서를 제출하여 2단계의 심사를 통과하고, 최종 50개 팀이 본선에 진출했다. 우리 학생들은 8월부터 10월까지 3개월 간 전북대학교 (지도교수 김종수)를 오가며 작품 제작을 연구했다. 측백나무 추출물은 실제 모기퇴치가 가능하다는 연구결과를 얻었고 측백나무 추출물로 섬유유연제로 만드는것에 대학 교수님과 연구했다. 그리고 11월 19일 최종 발표를 통해 영예의 대상을 수상했다. 이렇게 2013년부터 2015년까지 3년 연속 대상을 수상하는 전례 없는 쾌거를 이루었다.

   창업사랑 팀원인 1학년 슬기와 예림이는 모기퇴치 섬유유연제 아이템에 대한 톡톡 튀는 아이디어와 세련된 프레젠테이션 발표로 주위의 칭찬을 받았다. 전국에서 700개 동아리가 응모한 가운데, 우리는 대상과 인기상까지 수상하여 기쁨이 두 배가 되었다.

   대회에서 대상을 수상하고 나면 미국 연수를 가게 되는데, 실리콘밸리의 기업에서도 수상 작품에 대한 프레젠테이션을 하게 된다. 처음부터 국내 대회에서 영어로 발표하는 것이 좋을 것 같다는 생각에 영어 발표를 준비했다. 슬기가 발표를 하고 예림이가 시제품을 들고 있다가, 발표 내용 중 아이템의 장점에 대한 소개를 할 때 예림이가 영어로 통역할 수 있도록 연습했다. 시제품을 만

들 때 기존 섬유유연제에 페인트를 입히는 디자인도 미술 선생님이 도와주셨고, 영어 선생님도 발음을 교정해주셨다. 특히, 기숙사에는 미국 유학을 다녀온 학생들이 있어, 그 학생들이 예림이의 발음을 집중적으로 교정해주었다. 미국에서 10년 이상 살았던 심사위원도 예림이의 발음에 감탄할 정도로 우리는 시제품부터 발표까지 거의 완벽하게 준비했다.

 우리의 엄청난 노력으로 대상을 수상하게 되었는데, 이번에는 해외 연수가 미국이 아닌 중국과 홍콩이었다. 학생들에게는 약간의 실망이 있었지만, 오히려 더 큰 연수의 기회가 되었다. 홍콩의 야경도 아름다웠고, 홍콩의 창조경제에 대한 이해의 폭도 넓어졌다. 중국 심천에서는 다양한 기관을 방문했는데, 마치 우리나라의 세운상가처럼 심천의 화창베이는 너무나 화려했다. 제조 공장과 연결되어 있는 전자시장은 부품 생산 및 판매가 자연스럽게 연결되고, 디자인 하우스가 군집되어 있어 어떤 아이템이든지 쉽고 빠르게 완성할 수 있는 장점이 있었다. 전 세계 스타트업이 이곳으로 모여든다는 것을 알게 되었고, 학생들에게는 기술 교육 체험과 미래 비전이 제시된 것 같아 기뻤다.

이번 연수를 통해 학생들은 단순히 창업 아이템을 개발하는 것에서 나아가, 글로벌 비즈니스의 현장을 직접 체험하고, 창조경제의 중요성을 몸소 깨닫게 되었다. 이러한 경험은 학생들에게 커다란 자산이 될 것이며, 앞으로의 도전에도 큰 힘이 될 것이다.

다양한 배경화면 칠판

2016년에도 우리는 대상을 수상하게 되었다. 이렇게 4년 연속으로 대상을 받는 팀도 없을 뿐만 아니라, 4년 연속 장관상을 받는 일도 전례가 없었다. 그 덕분에 나는 교직 생활 동안 장관상을 7개나 받게 되었다.

이번에는 창업동아리 '크리킹'을 만들어 '다양한 배경화면 칠판'이라는 아이템으로 산업통상자원부가 주최하고 한국산업기술진흥원이 주관한 '2016 청소년 미래상상 기술경진대회'에서 영예의 대상을 차지했다. 이번에도 2단계의 심사를 거쳐 40개 팀이 경쟁한 본선에 진출해 최종 발표에서 영예를 안았다.

전국 500여 개 동아리가 응모한 이번 대회에서 민지와 가연이는 1학년임에도 불구하고 다양한 배경화면이

있는 칠판에 대한 아이디어를 발표해 주목을 받았다. 우리는 한정된 칠판이 거울 칠판의 역할뿐만 아니라, 여러 가지 배경화면으로 많은 교과목에 다양하게 사용될 수 있으면 좋겠다는 생각을 하게 되었다.

아크릴 재질의 칠판을 이용하여 다양한 과목에 해당하는 롤 브라인드를 수시로 탈부착 또는 교체할 수 있도록 제작하였다. 세계지도와 우리나라 지도, 수학 공식과 과학에 관련된 롤 브라인드를 세트로 제작하여 많은 교과목에서 다양하게 사용할 수 있게 하였다.

거울 반사 필름이 있는 롤 브라인드를 내리거나 다양한 교과목에서 필요한 롤 브라인드를 제작하면 한정된 칠판에서 다양한 화면을 구현할 수 있다는 확신을 가지게 되었고, 시제품 제작까지 이르게 되었다. 4년 연속 대상 수상으로 나는 미국을 네 번째 방문하게 되었다. 이번에는 집중적으로 샌프란시스코와 로스앤젤레스를 방문했다.

  이번 경험을 통해 민지와 가연이에게는 창업에 관한 견문 확대 및 정보 습득에 큰 도움이 되기를 바랐다. 샌프란시스코의 혁신적인 분위기와 로스앤젤레스의 다양한 기업 방문을 통해, 학생들은 실제 창업현장을 직접 체험하고 배울 수 있었다. 이러한 경험은 단순히 교실에서 배운 지식을 넘어서, 현실 세계에서의 창업과 비즈니스의 중요성을 깨닫게 해주었다.

  창업동아리 '크리킹'의 성공은 우리에게 또 다른 도전

과 기회의 문을 열어주었다. 이 경험을 바탕으로 앞으로도 혁신적인 아이디어를 현실로 만드는 노력을 계속해 나갈 것이다. 민지와 가연이의 창의적인 아이디어와 팀의 헌신적인 노력은 이번 대회에서도 빛을 발했다. 우리의 노력과 열정이 결실을 맺는 순간은 언제나 보람차고, 앞으로도 이러한 혁신과 도전은 계속될 것이다.

해외교류

우리 학교가 비즈쿨 운영학교가 되면서, 나는 획기적인 아이템을 개발하기 시작했다. 비즈쿨 프로그램을 도입해 학생들에게 창의력을 확산시키기 위한 많은 사업을 펼쳤고, 결국 그 창의력은 나에게도 도움이 되었다. 명사초청 프로그램으로 코미디언 이경규와 탤런트 원기준, 장경동 목사님, 그리고 김승범 영화제작자를 초청해 학생들이 배우 오디션에 참가하는 경험을 하게했다.

창업반을 운영하며 창업캠프와 토요캠프를 진행하고, 전통시장 체험학습을 실시했다. 교내 창업아이템 대회에서 수상한 팀들을 전국의 창업경진대회에 보내 수많은 수상을 이루었다.

그중에서 가장 으뜸은 비즈쿨 해외교류였다. 해외에

있는 고등학교와 비즈쿨 해외 교류를 실시해 다양한 창업아이템을 소개하고, 함께 체험하는 시간을 만들었다. 캄보디아, 태국, 중국, 필리핀 등의 학교들과 비즈쿨로 교류했다. 가장 기억에 남는 일은 태국에 갔을 때의 일이다.

우리 교회가 후원하는 태국의 선교사님의 소개로 태국의 셋따붓밤팬 학교와 우리 전라북도 비즈쿨 학교들 간의 교류가 이루어졌다.

태국의 학교에서는 준비를 너무 많이 해서 우리를 당

황하게 했다. 버스가 학교에 도착하자마자 버스 앞에서는 이 학교의 관악대가 우리를 맞이했고, 이미 학생들은 운동장에 전부 모여 있었다. 무대에서는 태국의 전통 무용으로 우리를 반겨주었다.

   그날 하루는 비즈쿨 체험활동을 하는 날로 정해서 20

개가 넘는 부스를 만들어 다양한 체험을 하기도 했다. 내가 주도해 프로그램을 진행했지만, 그 후에도 해마다 태국과 한국을 서로 방문하며 교류를 계속하고 있다.

비즈쿨 덕분에 다양하고 소중한 사람들을 만났다. 특별히 그 당시 창업진흥원의 윤여경 팀장은 지금까지도 나에게 많은 도움을 주고 있다. 비즈쿨 운영 10년 동안 전국을 다니며 승용차로 40만 km이상을 달렸다. 비즈쿨은 나의 교직 생활에서 가장 중요한 부분이기도 하다.

비즈쿨을 통해 다양한 경험과 사람들과의 만남은 나에게 큰 자산이 되었다. 학생들의 창의력을 키우고, 그들이 국제적으로 성장할 수 있는 발판을 마련해 주는 일은 나에게도 큰 보람이었다.

등교맞이

교감으로 승진한 후에는 하루도 빠지지 않고 학교 현관에서 등교맞이를 했다. 승진하기 전에 교사 생활을 하면서 이미 마음에 계획을 하고 있었다. 나중에 교감이 되면 현관에서 학생들을 맞이하고, 교장이 되더라도 취임식이나 퇴임식을 하지 않겠다는 생각을 꾸준히 했는데, 결국에 내 자신과 약속했던 모든 것을 지켰다. 교장이 되고 나서도 등교맞이를 하고 싶었으나, 교감선생님께서 등교맞이를 하고 계셔서 양보하게 되었다.

학생들이 아침에 일어나서 학교에 왔을 때 처음으로 만나는 얼굴이 학생부장의 엄한 얼굴이 아니라 반갑게 맞이하는 선생님의 얼굴이라면, 학생들의 하루가 더 편안해 질 것이라는 확신이 있었다. 우리 학교 학생들은 선

생님과 함께 등교하는 학생들도 있었다. 학생들이 학교에 올 때 가끔 하이파이브를 하기도 하고, 사탕을 나눠주기도 했다. 학생들의 등교 풍경은 다양하고 아름다웠다. 특히 비 오는 날 이면 전교생의 우산을 털어주었다. 우리 학생부장 선생님은 복장 지도보다는 반갑게 웃으며 맞아주는 모습이 더 많았다. 비 오는 날, 나와 함께 학생들의 우산을 털어주고 나면 손목이 아프다고 엄살을 부리기도 했다.

　학생들에게는 다양한 교육이 필요하다. 학생들이 스스로 할 수 있도록 지도하는 것도 중요하지만, 때로는 학생이 해야 할 일을 선생님이 나눠서 해주는 것도 교육의 의미가 있다. 아침마다 학생들을 맞이하며, 나는 그들의

하루를 응원하고, 그들이 더 좋은 하루를 보낼 수 있도록 작은 힘을 보태고 싶었다.

등교맞이는 단순히 학생들을 맞이하는 행위가 아니라, 그들의 마음을 따뜻하게 해주고, 학교라는 공간이 친근하고 안전한 곳이라는 느낌을 주기 위한 것이었다. 학생들 이 학교에 오는 것이 즐거워지고, 선생님들과의 관계가 더 좋아지기를 바라는 마음이었다.

교직 생활을 하면서 가장 중요하게 생각한 것은 학생들과의 소통과 관계였다. 아침마다 학생들을 맞이하며, 그들의 밝은 얼굴을 보며 나도 힘을 얻었다.

취임일에 퇴임을 생각하며

오늘부터 정식으로 교장실에서 근무를 시작합니다. 3년 동안 익숙했던 교무실을 떠나 교장실로 자리를 옮기니, 낯설면서도 새로운 기운이 느껴집니다. 그러나 항상 말씀드렸듯이, 저는 취임식이나 퇴임식을 하지 않습니다. 학생들에게 교육적으로 의미가 있을지 모르나, 개인적으로는 이러한 행사가 마땅하지 않다고 생각합니다.

오늘부터 학교 홈페이지의 학교장 인사말도 교직원들의 인사말로 대체됩니다. 또한, 교장실, 교무실, 행정실 청소는 학생들이 더 이상 하지 않도록 하겠습니다. 그동안 혁신학교나 열린학교라는 이름 아래 여러 가지 노력과 프로그램을 통해 학교를 운영해 왔습니다. 그러나 이제는 거창한 구호보다 학생들이 자연스럽게 학교에

　가고 싶어 하도록 만드는 것이 진정한 혁신학교이고 열린학교라는 생각이 듭니다. 작은 실천이 큰 구호보다 더 의미 있다고 믿습니다.
　오늘 취임일에 저는 퇴임을 준비하기로 마음먹었습니다. 많은 사람들이 마치 교장을 평생 할 것처럼, 아니 어쩌면 영원히 살 것처럼 행동합니다. 그러나 저는 항상 죽음을 생각하고, 죽음을 준비하듯이 오늘 취임일을 맞아 퇴임일을 생각하며 준비하고자 합니다. 더 겸손한 자세로 살아가겠습니다.
　이러한 마음가짐으로 앞으로의 시간을 보낼 것입니다. 학생들과 교직원 모두가 함께 성장할 수 있는 학교를 만들기 위해, 작은 변화에서부터 시작해 큰 변화를 이

　루어 나가겠습니다. 오늘 이 자리가 단순히 시작점이 아닌, 끝을 생각하며 매일을 소중히 여기는 시간의 시작이 되기를 바랍니다.

　오늘 교장실에 앉아 바라본 학교 풍경은 새롭고도 익숙했습니다. 이곳에서 수많은 학생들과 교직원들이 함께한 시간들이 떠오릅니다. 그 시간들 속에서 우리는 함께 성장하고 배웠습니다. 이제는 그 배움과 성장을 바탕으로, 더 나은 미래를 향해 나아갈 때입니다.

　학교장으로서의 첫날, 저는 이 자리에서 단순히 직책을 수행하는 것 이상의 의미를 찾고자 합니다. 이 학교의 모든 구성원들이 함께 만들어가는 이야기를 소중히 여기며, 그 속에서 참된 교육의 가치를 실현해 나가겠습니다. 학생들이 자연스럽게 학교를 사랑하게 되고, 교직원들이 자부심을 느끼며 일할 수 있는 환경을 만드는 것이 저의 목표입니다.

오늘부터 시작되는 이 여정이 단순한 행정의 시작이 아닌, 진정한 교육의 장으로 거듭나기를 바랍니다. 작은 변화들이 모여 큰 변화를 이루어내고, 그 변화가 학생들의 삶에 긍정적인 영향을 미칠 수 있도록 최선을 다하겠습니다.

끝을 생각하며 시작하는 오늘, 저는 모든 순간을 소중히 여기며, 매일을 살아가겠습니다. 함께하는 모든 이들이 행복하고 성장하는 학교, 그곳에서 우리는 진정한 배움의 가치를 발견할 것입니다. 이 길을 함께 걸어가며, 우리 모두가 더 나은 미래를 만 들어가기를 바랍니다.

졸업식을 바라보며

 수천 명의 졸업생을 지켜보았다. 30년이 넘었으니 최소한 5천 명이 졸업하는 모습을 지켜볼 수 있었다. 졸업은 끝이 아닌 또 하나의 시작이며, 졸업이 없으면 새로운 시작을 할 수 없음도 알았다.
 오늘도 어김없이 졸업식을 한다. 코로나 때문에 강당에서의 졸업식은 이루어지지 못하고, 각 학급에서 소규모로 진행되지만, 졸업생들의 설렘과 새 학년에 대한 기대는 예나 지금이나 변함이 없다. 우리 학생들이 학교를 졸업하고 새 학년으로 진학하면서 한 단계 더욱 성장하기를 기도한다.
 그렇다면 나를 포함한 모든 사람도 졸업하는 계기가 있어야 하지 않을까? 여태껏 살아왔던 구태의연한 생활

태도 및 나쁜 버릇, 열심히 살았으나 여전히 겪고 있는 시행착오들에서 졸업하고 싶다. 오늘 우리 아이들의 졸업식을 바라보며 나도 옛사람을 벗어버리고 더욱 성숙한 모습으로 성장하고 싶다.

졸업식장에서 아이들의 반짝이는 눈빛을 보며, 그들의 앞날에 무한한 가능성과 희망이 가득하기를 기원한다. 그들은 지금 새로운 출발선에 서있다. 졸업이라는 중요한 이정표를 지나 더 넓은 세상으로 나아갈 준비를 하고 있다. 나는 그들의 여정이 순탄 치만은 않을 것이란 걸 알고 있지만, 그들이 겪을 모든 경험들이 성장의 밑거름이 되리라 믿는다.

아이들이 떠난 교실은 잠시 고요하지만, 그들이 남긴 추억과 배움의 흔적은 언제나 살아 숨 쉰다. 그들이 앞으로 걸어갈 길을 생각하며, 나 역시 새로운 졸업을 준비해 본다. 내가 쌓아온 습관과 틀을 벗어던지고, 더 나은 나로 변화하기 위해 노력하고 싶다. 아이들의 졸업이 그러하듯, 나의 졸업도 새로운 시작을 위한 준비이다.

오늘의 졸업식은 단순한 행사가 아니다. 이는 나와 우리 모두에게 주어진 또 하나의 기회이다. 우리는 모두 매일 작은 졸업을 맞이하고, 새로운 시작을 준비할 수 있다.

더 나은 내일을 위해, 오늘의 나를 졸업하고 성장하는

것이 필요하다. 아이들이 졸업장을 받아들고 웃으며 떠나는 모습을 보며, 나는 그들의 미래가 밝고 희망차기를, 그리고 그들이 언제나 자신을 믿고 앞으로 나아가기를 바란다. 나도 그들과 함께 새로운 출발을 다짐하며, 그들이 세상에 나아가 보여줄 멋진 성장을 기대해본다.

　그들의 졸업이 아름답고 소중한 만큼, 나의 졸업도 의미 있고 가치 있는 과정이 되기를 바라며, 우리는 모두 끊임없이 배우고 성장하는 여정을 함께 걸어갈 것이다.

교장실

교장실은 항상 쉬는 시간마다 활기차다. 내가 교사였을 때부터 꿈꾸던 교장실의 모습으로 만들어 놓았다. 학생들이 교장실에 들어오면, 종류에 상관없이 두 가지 간식을 골라갈 수 있는 간식코너를 마련했다. 이는 내가 교장으로 재임하는 동안 유지하고자 하는 환경이다.

두 가지 간식을 가져가되, 장기자랑을 하면 네 가지를 가져갈 수 있다. 가정에서는 잘 먹지도 않는 간식들도 학교에서는 학생들에게 큰 기쁨이다. 가족과 함께하는 것보다 친구들과 먹는 간식이 더 맛있게 느껴진다.

학생들은 교장실에서 숨바꼭질을 하거나, 소파에 누워있거나, 더 많은 간식을 얻기위해 춤을 추며 시간을 보낸다. 중학교 2학년 학생들에게는 평생이라는 시간이 얼

마나 긴지 모르겠지만, 그들은 자신의 평생 동안 이렇게 많이 교장실을 찾은 적이 없다고 말한다. 그럴 때마다 나는 웃음을 지을 수밖에 없다.

학생들은 간식을 먹기 위해 오는 것만이 아니다. 학생들은 편안한 교장실 소파가 교실에도 있었으면 좋겠다고 건의하거나, 불가능하다고 하면 졸업 선물로 달라고 조른다.

시험 기간이 다가오면 시험을 몇 일 더 미뤄달라고 조르기도 하고 애교를 부리기도 한다. 매일 전교생의 거의 반 이상의 학생들이 교장실을 찾는 것 같은데, 부끄러워 오지 않는 학생들을 위해 등교 시간에 등교맞이로 간식을 나눠주기도 한다.

학생들의 웃음소리와 떠드는 소리는 언제나 즐겁다. 누군가 말했듯이, 학생들에게 조용히 하라고 하는 것은 개에게 짖지 말라고 하는 것과 같다. 그렇게 쉬는 시간이 몇 번 지나면 어느새 하루가 흘러간다.

졸업생들이 써준 '각서'

졸업 후 1년 이내에 졸업생들이 써준 '각서'

- 청포도(껍질째 먹는) 10박스
- 예쁜여인(위로 2살, 밑으로 제한×, 단 미성년자 제외) 9명 미팅
- 유통기한이 유효한 목캔디 10통
- 휴게소 누룽지
- 밥풀과자
- 스타벅스 커피
- 영화관람권
- 주유소 쿠폰
- 아이스크림(500원짜리 제외)
- 청매 1년 정기구독권
- 하굿둑 바이킹 이용권
- 찜질방 이용권(+계란, 식혜)
- 운전기사등

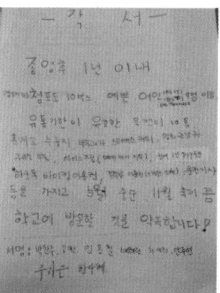

위의 내용을 가지고 5월 중순, 11월 축제쯤 학교에 방문할 것을 약속합니다!

서명: 박찬주, 김채은, 임동철, 박혜린, 황예희, 안주연, 주하은, 한다혜

그리고 10년… 아직도 소식이 없다.

회복탄력성

회복탄력성을 쉬지 않고 읽어 내려갔다. 김주환교수의 회복탄력성의 3가지 변인에 대해서 구체적으로 자세하게 읽었는데 회복탄력성의 3가지 변인은 자기 조절능력(자기 이해지능), 대인관계능력, 그리고 긍정성에 대해서 구체적인 설명을 했다. 회복탄력성의 전체적인 흐름은 소통과 감사, 감정인데 그 기본적인 기반에는 긍정성이 있어야 한다는 것을 알았다.

긍정성을 구체화할 수 있는 것이 감사하기와 운동하기인데 감사하기는 마음을 단련하는 것이고 운동하기는 몸을 단련하는 것이라는 것을 새롭게 깨닫는 계기가 되었다. 어차피 매일 오전 6시에는 정확하게 헬스장에서 3km 러닝을 규칙적으로 하고 있으니, 8월부터 쓰기 시

작한 감사 일기를 꾸준히 쓰게 되면 나에게는 감사하기와 운동하기가 동시에 되는 것이고 그것이 결국은 긍정성을 구체화하는 것이라는 것을 깨닫게 되었다. 회복탄력성의 책은 나에게 삶의 지침서가 되어버린 것 같은 느낌이 든다. 가장 마음에 와닿는 말은 '감사는 나와 남을 동시에 긍정하는 것'이라는 말이다.

   회복탄력성을 읽으면서 경제학에서 나오는 수요의 가격탄력성과 비교를 하게 되었다. 가격탄력성은 가격이 상승하면 수요가 하락하지만 대체재인 가격은 상승하고 수요도 상승한다는 이론인데 그것을 회복탄력성에 비유해 보았다. 가격(분노, 짜증)이 상승하면 수요(회복탄력성)가 하락하지만 대체재인 가격(소통능력, 감사,

긍정적인 정서)은 상승하고 수요(회복탄력성)도 상승한다는 것으로 해석을 해보았다. 결국은 우리 내면에 있는 분노와 짜증 대신 소통능력과 감사, 긍정성으로 대체를 해야만이 회복탄력성이 높아진다는 생각을 하게 되었다. 나중에라도 경제학의 가격 탄력성과 심리학(?)의 회복탄력성에 대해서 비교설명을 하면서 학생들에게 회복탄력성을 강의할 기회가 있으면 해야겠다는 생각을 하였다.

회복탄력성은 나에게 학생들이나 교사들에게 위로할 기회를 갖게 하였다. 학생이나 교사들이 힘들고 지쳐있을 때, 또는 실패를 하게 되었을 때 한마디 할 것이다. 성공을 위해서는 실패가 반드시 필요하다고…

학교 앞 버스 정류장

아무 날이나 이곳에 와서
아무 생각 없이 앉아있다가
아무 버스나 타고
아무렇게나 돌아다니는
그런 날 하루쯤 있으면 좋겠다.

선생님과 내맘대로 표창장

오늘은 최미영 선생님의 생일이다. 교장이 된 후 처음으로 제1호 표창장과 상금을 전달하기 위해 아침부터 최미영 선생님을 교장실로 불렀다. 내맘대로 표창장을 만들고 수여하는 날이다. 우리 선생님들은 학생과는 달리 교사 생활을 하면서도 그 어려운 역할에도 불구하고 표창장을 받는 일이 거의 드물다. 그들은 가정에서 든든한 아빠와 엄마의 역할을 훌륭하게 수행하고, 학교에서는 학생들의 보호자 역할을 하기도 한다. 그럼에도 불구하고, 이들의 노력에 대해 상을 주거나 칭찬하는 일은 거의 없다.

하지만 이제부터는 다르다. 앞으로 선생님의 생일마다 이러한 이벤트를 지속적으로 이어가려 한다. 우리 선

　생님들의 보이지 않는 노력에 대한 인정과 격려를 전하고 싶다. 이 작은 행사가 선생님들에게 작게라도 힘과 웃음을 안겨주길 바라며 학교가 더욱 밝게 빛나기를 소원한다.
　이렇게 교장실에서 시작된 작은 변화는 선생님들의 노력에 대한 공로를 인정하고, 그들이 지닌 따뜻한 마음을 전하며, 학교의 풍요로운 날들이 이어질 것을 확신한다. 이것이 바로 교육의 본질이자, 우리가 함께 나아가야 할 길이다.

한강유람선

중등교장 정책역량강화 연수에 참석하게 되었다. 우리 익산시는 다른 시와는 달리 교장선생님들의 단합이 잘되기로 소문이 나 있었다. 실제로도 익산시의 교장선생님들 40명은 단합도 잘되고 각종 연수에도 솔선수범의 실천력을 가지고 있었다.

이번 1박 2일의 짧은 역량 강화 연수에서도 다양한 프로그램이 진행되었고, 나는 임원으로서 미리 현장 답사까지 완료했다. 이번 연수는 창의 인재 씨앗 학교 방문, 성수동의 사회혁신 생태계 헤이그라운드 탐방, 한국 마이크로소프트 본사에서의 AI와 학습 도구 시연, 그리고 자유학기제와 기초학력 향상에 대한 열띤 토의 등으로 채워졌다. 하지만 그중에서도 가장 새롭고 의미 있었던 것은 한강 유람선을 타는 일이었다. 나에게는 그동안 한강 유람선을 타본 일이 없었기에 좋은 기회가 되었다.

서울의 야경과 함께 한강 유람선의 낭만을 느껴보고 싶었다. 연수 첫날 저녁 7시로 예약을 해 두었고 이미 입금도 마친 상태였다. 연수 첫째 날 오후, 나와 회장 선생님은 미리 여의도 크루즈 선착장에 도착했다. 애슐리퀸즈 여의도 한강공원점에서 식사를 하고 예약한 승선표를 발급받은 후 교장 선생님들을 기다렸다. 교장 선생님들은 연수 장소에서 저녁 식사를 마치고 선착장으로 향하고 있었지만, 문제는 우리가 임차한 버스기사였다.

고령의 나이도 문제였지만 서울 지리를 전혀 모르는 분이어서 네비게이션에 의존하면서 여러번 경로를 이탈하고 속도도 느리게 오고 있었다. 전화로 버스에 있는 장학사님과 계속 통화하며 도착 가능 시간을 체크해보니 아무래도 7시 정각이나 2분 정도 늦을 것 같았다.

그래서 매표소로 달려가서 2~3분 정도 유람선이 기다려주기를 요청했으나, 단호한 거절을 당했다. 정각 7시에 출발한다는 것이었다. 유람선이 출발하면 환불도 안 된다는 말에 버스에 있는 장학사님을 계속 독촉했다. 7시가 가까워지고 있었다.

회장 선생님은 유람선 앞에서 직원에게 3분만 기다려 달라고 사정을 하고 있었고, 나는 20미터 정도 떨어져서

　버스 하차장 쪽을 바라보며 도착하기를 애타게 기다렸다. 그런데 전방 80미터 정도에서 교장선생님들이 내려서 뛰어오기 시작했다. 그때가 정각 7시였다.
　저 앞에서 교장선생님들이 뛰어오기 시작했고 유람선은 천천히 출발하고 있었다. 너무 속이 상했지만, 유람선을 못 타더라도 한 번 뛰기 시작한 거 계속 뛰게 내버려 두었다. 40명가량의 교장선생님들이 뛰어오는 모습은 마치 우리가 어린 시절 동네에서 해맑게 뛰어다니던 그런 모습이었다.

결국 3분 차이로 유람선을 타지 못하게 되었고 너무 서운했다. 그때 매표소에서 우리의 뛰는 모습을 보고 10시 30분 유람선으로 바꿔주겠다고 제안했다. 우리는 너무 고마웠고 3시간가량을 선착장 노상 카페에 앉아 많은 대화를 나눴다. 그 덕분에 더 깊은 서울의 야경을 유람선에서 관람할 수 있었다.

한강 유람선 사건 이후 우리 교장선생님들은 형과 동생이 되었고 오빠와 언니가 되었으며, 우정은 더욱 돈독해졌다. 지금도 가끔씩 40명의 교장선생님들이 뛰어오는 모습을 생각하면 웃음이 나온다.

그날의 경험은 우리 모두에게 특별한 추억으로 남았다. 우리는 함께 뛰며, 함께 웃고, 함께 나눈 그 시간들을 통해 진정한 연대감을 느낄 수 있었다.

한강의 야경과 함께한 그 밤은 우리에게 단순한 여행이 아닌, 서로를 더 깊이 이해하고 연결되는 소중한 시간이 되었다.

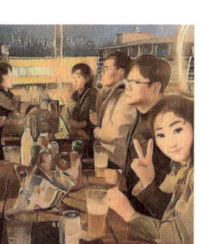

chapter. 02

가족

'시'라는 글자를 '내'자로 고치기 · 엄마와 비비빅 · 커피와 콜라 · 엄마의 뜨개질· 아픈 손가락 · 산소 · 구두끈 · 장교 임관식 · 웨딩드레스

"시"라는 글자를
"내" 자로 고치기!!

우리아내는 요양원에 간호과장으로 근무한다.

출근하면 시이모를 만나게 된다. 시이모는 간호과장 빽을 믿고 가끔가다가 직원들에게 목에 힘을 주고 큰소리를 치기도 한다.

하루종일 근무하면서 시이모를 모시고 퇴근하고 집에오면 시어머니를 만난다. 시어머니는 아들 빽을 믿고 종종 목에 힘을 주기도 한다.

돌아보면 그 시어머니와 시이모는 대단한 사람들이다. 85세가 된 시어머니는 여고를 졸업했고 81세가 되는 시이모는 숙명여대 정치외교학과를 다니면서 군산비행장으로 주말에 비행기를 타고 다녔다니… 그분들의 큰소리가 차원이 높다.

　우리아내는 매일저녁 시어머니 저녁을 차려드리고 교회로 향한다. 교회에서 기도를 하루 한시간 기도하고… 그리고 이렇게 사진도 찍었다.
　그것이 다 "시" 라는 글자를 "내" 자로 고치는 작업일 거다…

엄마와 비비빅

엄마의 두 번째 통풍이 새벽을 깨웠다. 오른쪽 다리 관절이 부어올라 바람만 불어도 극심한 고통이 온다는 통풍. 고통스러워하는 엄마의 모습을 뒤로 하고, 나머지 일들은 아내에게 맡기고 출근길에 올랐다. 차 안에서는 엄마와의 지난 일들이 파노라마 처럼 스쳐 지나갔다.

어렸을 때 엄마 손을 잡고 과외 집을 들리던 기억이 갑자기 생각이 났다. 그 당시에 짜장면이 한 그릇에 160원이고 한 달 학원비가 3,000원이었지만, 나는 25,000원의 과외를 받았으니 고액 과외를 받은 셈이다. 그만큼 엄마는 공부에 대한 열정이 강했다.

그런 엄마는 요즈음 아주 가벼운 치매 증상으로 같은 이야기를 하루에도 몇 십 번을 반복한다. 그 말을 한 후

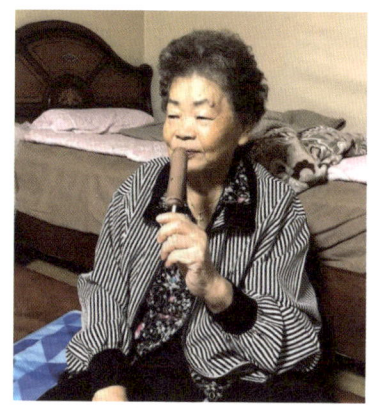 

돌아서면 잊어버리고, 다시 돌아서면 또 그 말을 한다. 과외 집에 나를 맡기고 돌아서던 엄마의 뒷모습과 지금 똑같은 말을 반복하며 돌아서 는 엄마의 뒷모습은 여전히 똑같은데 통풍처럼 가슴에 아픈 바람이 분다.

   퇴근후 집에 와서 일단 급한 대로 통풍에 고통스러워하는 엄마에게 비비빅 한 개를 건네주었다. 엄마가 가장 좋아하는 비비빅… 일단 비비빅은 엄마에게 잠깐의 진통제가 되었다.

   나의 엄마와 우리들의 엄마는 모두 다 그런 과정을 겪으면서 비비빅을 먹거나 아니면 다른 형태의 진통제를 먹으면서 오늘을 산다…

커피와 콜라

우리 엄마는 커피를 너무 좋아한다. 물론 그 아들인 나도 커피를 너무 좋아한다. 엄마의 치매 증상이라고 해 봤자 똑같은 말을 반복하는 것과 조금 전에 마셨던 커피를 돌아서면 다시 마셔야 하는 정도의 건망증이 있는 것인데, 치매라기 보다는 건망증이 심한 편이다.

그러다 보니 엄마가 하루에 거의 10잔 정도의 커피믹스를 마시는 것에 대해 조절이 필요하다고 생각했다. 어느날 아침, 맥도날드 맥모닝 세트의 콜라를 드시면서 "이 커피 참 맛있네"라고 하시는 걸 듣고는 꾀를 내어 콜라를 몰래 사서 맥도날드 커피잔에 담아드렸다.

하루에 3잔 정도, 얼음과 물을 적당히 희석해 주면 엄마는 그 콜라를 마시며 좋아했다. 콜라를 아주 약하게 희

석하면 약한 아이스 아메리카노 맛이 나기 때문이다.

　나름 성공작이라고 할 수 있었다. 하지만 돌아서면 잊어버리고 커피를 마시는 엄마와 조금만 시간이 지나면 커피가 땡겨서 계속 마시는 나와 다를 것이 없다는 생각이 들었다.

　엄마에게 콜라를 커피라고 하면서 만들어 주는 콜라를 내가 마셔봐도 아이스 아메리카노 같다는 생각이 들기도 한다.

　일본 쪽으로 태풍이 북상한다는 뉴스가 날아온다. 태풍은 오고 있고, 나라는 어지럽고, 그래도 시간은 흐른다. 나와 엄마와 커피와 콜라가 섞여서 오늘도 하루가 간다.

엄마의 뜨개질

어렸을 때, 엄마가 뜨개질하는 것을 돕거나 구경하는 것은 나에겐 일종의 취미였다. 엄마의 손놀림은 민첩하고 숙달되어 있어서 뜨개질 실력은 점차 향상되었다. 그 결과, 조끼뿐만 아니라 장갑과 목도리 등 다양한 아이템을 만들어냈다.

엄마는 뜨개질을 시작하기 전에, 새 실타래를 사 오거나, 기존에 뜨개질한 옷을 풀어서 재사용하는 방법을 썼다. 아버지의 조끼나 우리의 옷을 만들 때, 우리의 몸이 커지면 실을 풀어서 재활용하곤 했다. 그래서, 엄마를 보면 실을 감는 모습과 뜨개질하는 모습이 가장 많이 떠오른다.

그런 엄마에게 요즘 약간의 치매 증상이 있어서, 예전

과는 조금 다른 방식대로 실타래를 만들고 있다. 한 박스의 두루마리 휴지 30롤을 밤새 풀면서 실타래로 만들곤 한다. 그리고 아내는 그걸 하루종일 다시 풀어 원상태의 두루마리 휴지로 만든다.

    시간도 흐르고 세월도 흐르면서, 뜨개질에 사용하는 '실'은 두루마리 휴지로 변했지만, 그때 가족들을 위해 조끼 등을 만들기 위해 했던 뜨개질의 마음과 지금의 마음은 여전히 변함이 없다.

아픈 손가락

엄마는 오늘 무사히 2차 수술을 마쳤다. 위험한 단계는 이제 끝나고, 이제부터는 회복에만 집중해야 할 것 같다. 돌이켜보면, 우리가 태어나서 죽을 때까지 하나님은 우리의 모든 일을 주관하고 간섭하신다는 것을 깨닫게 된다. 그래서 결국 인생이란 무엇인지, 인생은 어떤 목적으로 흘러가는 건지에 대한 여러 가지 생각들이 든다.

이런 와중에 기쁜 소식들이 함께 어우러진다. 우리 장모님의 팔순 생신과 조카가 아름다운 딸을 출산했다는 것. 진심으로 축하해주고 기뻐해 주면서도, 병실에서 말없이 앉아있는 엄마의 뒷모습이 아리게 스쳐 간다.

그러나 아픔은 우리 엄마에게만 있는 것이 아니라, 모

 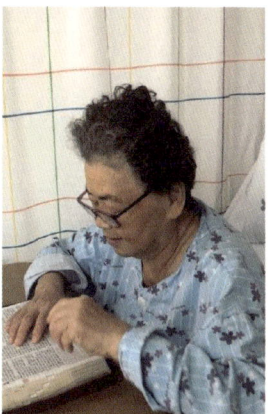 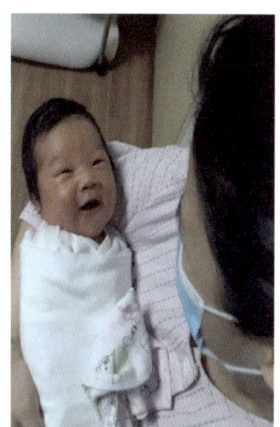

든 사람과 그들의 가정에도 아픈 손가락이 있음을 알게 된다. 그런데도 진심으로 위로하고 걱정하며 기도해주는 사람들에게는 감사하고 부끄럽다. 하얀 얼굴로 누워 있는 엄마는 지난 세월들을 어떻게 음미하고 있을까? 결국, 그 모든 것은 순간이었을 텐데.

  아픈 손가락, 엄마를 보며 느낀다. 그리고 이렇게 순간이 덧없이 흐른다.

산소

오늘은 정말 오랜만에 아버지를 뵈러 왔어요. 학교 일이 바쁘기도 하고, 자전거로 30km를 달려오는 게 쉽지 않아서 자주 오지 못했어요. 하지만 이렇게 혼자 와서 앉아있다가 누워있다가 돌아가면, 스트레스가 조금은 해소되는 것 같아요. 아버지는 천국에 계시겠지만, 이곳은 아버지의 육체가 마지막으로 머문 곳이라 그런지 저에게는 특별해요.

돌아가신 날, 저는 엄청나게 많이 울었어요. 제 자신이 불효자 같아서 죄송해요. 아버지 생전에 못다 한 효도, 이제 엄마에게 할게요. 며칠 전에는 엄마와 함께 은파유원지에 벚꽃 구경을 갔어요. 엄마는 저에게 몇 번이나 고맙다고 하셨지만, 정작 저는 왜 고맙다는 말씀을

들었는지 모르겠어요. 제 자식들에게 하는 것보다 10분의 1도 못 하는데 말이에요.

이곳에 와서 생각해보면, 인생을 버둥거리며 살아야 할 이유가 없다는 것을 깨닫게 돼요. 아버지, 이제 그만 갈게요. 다시 삶이 힘들어지고 스트레스를 받을 때, 또 올게요.

그때까지 편히 계세요.

구두끈

매년 어버이날이 되면 아버지와의 추억이 떠오릅니다. 고등학교 3학년 때, 검정고시 공부를 하겠다며 집을 나와 서울의 중앙대학교 앞 독서실에서 공부했던 저를 이틀 만에 아버지가 찾아낸 날이 바로 어버이날이었습니다. 아버지는 모텔에서 함께 잠을 자며 "어버이날에 이게 무슨 꼴이냐"며 잔잔하게 타이르셨습니다. 그때의 아버지의 모습이 지금도 눈에 선하네요.

제 교사 생활의 첫 해에 가출한 학생을 찾으러 가야 했던 어느 아침, 마루에서 구두끈을 매고 있을 때 아버지의 말씀이 생생히 기억에 남아 있습니다. "내가 10년 전에 너 잡으러 서울을 가려고 그 자리에서 구두끈을 매

고 있었는데…" 이런 아버지와의 추억을 간직한 채 올해에도 어김없이 어버이날이 다가옵니다.

    요즘은 가끔 느닷없는 날 아버지 산소에 가서 돋보기를 쓰고 아버지가 저에게 보내 줬던 편지들을 낭독하고 돌아옵니다. 아버지와 아들의 순환과 연결 이제 저도 아버지가 되었고, 내 아들로 이어져 돌고 도는 삶을 깨닫습니다.

아버지! 아버지의 뜻대로 아버지의 손자에게 아버지의 사랑을 베풀고 있습니다. 아마 이 아이도 나중에 돋보기를 쓰며 저와 아버지의 추억을 떠올릴겁니다. 아버지가 베풀어 주셨던 사랑이 집안 곳곳에 남아 있으며, 그것을 보며 조금씩 그러한 사랑을 실천하게 됩니다. 차분하고 잔잔한 목소리, 정리 정돈된 책장, 그리고 마음가짐. 그런 아버지가 있었기에 지금의 제가 있다는 소중한 마음을 새기게 합니다.

오늘도 아침에 구두끈을 매며 마음을 다잡습니다. 아들을 위해서, 그리고 내가 가르치고 있는 학생들을 위해서 구두끈을 매며 아버지가 제게 실천했던 사랑을 표현하려고 합니다.

아버지! 어느덧 저도 나이가 들어 이제 아버지의 곁으로 돌아갈 날도 얼마 남지 않았습니다. 그때까지 건강하세요, 언제나 저를 지켜봐 주세요. 아버지 없는 쓸쓸한 어버이날에 다시 한번 아버지를 마음에 새기고 마음의 구두끈을 매어봅니다.

아버지가 남긴 사랑과 가르침을 잊지 않고, 그 사랑을 이어받아 제 아이에게, 그리고 저의 학생들에게 전하려고 합니다. 어버이날마다 아버지의 따뜻한 미소와 잔잔한 말씀을 떠올리며, 그 사랑을 되새기고 있습니다.
아버지, 사랑합니다. 그리고 감사합니다.

장교 임관식

우리 가족은 여행을 사랑했다. 여름방학과 겨울방학마다 어김없이 새로운 곳을 여행하곤 했다. 초기에는 부모님을 모시고 용인 에버랜드나 서울 경복궁 같은 명소를 찾았고, 아들과 딸과 함께라면 전국의 유명한 곳은 빠짐없이 다녔다.

그러나 이번에는 여행이 아니라 아들의 장교 임관식에 참석하기 위해 특별한 목적지를 향했다.

우리나라 육군의 장교 임관식은 대통령까지 참석하는 화려한 행사다. 공군 비행기의 축하 비행으로 시작되는 이 행사는 그 모든 순서들이 엄중하고 장엄했다. 특히 예비 장교들의 입장 모습은 너무나 인상적이었다. 수많은 예비 장교들 사이에서도 우리는 아들을 한눈에 알아볼

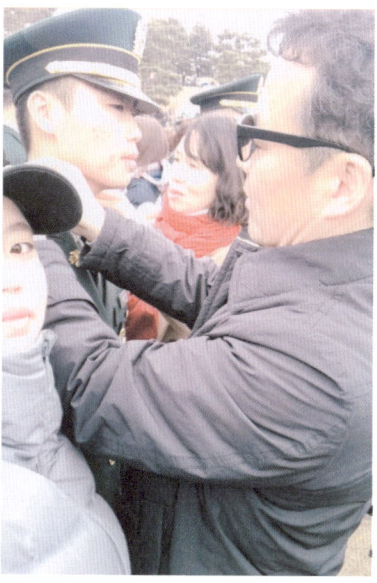

수 있었다. 그 순간, 가족의 힘을 다시 한 번 깨달았다.

아들이 아주 어릴 때, 손바닥에 올려놓고 중심을 잡아주던 기억이 생생하다. 때로는 목마를 태우고 다니던 그 아이가 어느새 의젓한 장교가 되었다니 감회가 새로웠다. 아들은 끊임없이 성장해왔고, 나는 여전히 그 자리에서 아들의 성장을 지켜보는 것 같았다. 아들의 어깨에 계급장을 달아주는 예식에서는 감동이 벅차올랐다.

임관식이 끝난 후, 5개월쯤 지나 아들이 나에게 단둘이 사진을 찍자고 제안했다. 우리는 사진관에 갔고, 나는 그 순간이 너무나 자랑스러웠다. 계급장을 달아주던 그 모습과 둘이서 사진관에서 사진을 찍던 순간은 나에게 영화의 한 장면처럼 남아있다.

제대 후, 아들은 29개국 58개 도시를 여행하며 다양한 경험을 쌓았다. 지금도 딸같은 며느리와 함께 여행을 다니며 인생의 목적지를 향해 나아가고 있다. 인생은 결국 단계별로 거치는 여정이고, 그 모든 과정이 하나의 큰 여행이다.

웨딩드레스

　나와 아내는 가끔 저렴하게 광고하는 패키지 여행을 선택하곤 한다. 어느 여름방학에는 특히 저렴한 중국 여행 패키지를 발견했고, 그 가격에 놀라면서도 여행을 결심했다. 이번에는 딸도 함께 데려가기로 했다. 수학 임용고시가 몇 달 남지 않았던 우리 딸은 임용고시보다 해외여행이 더 매력적이었고, 우리는 다른 열성적인 부모와 달리 잠깐 쉬는 것도 좋겠다는 생각에 셋이서 여행길에 올랐다.
　출발할 때의 설렘과 달리 중국의 무더운 날씨는 우리를 힘들게 했다. 자금성의 한 가운데서, 만리장성의 길목에서 우리는 얼굴이 익어갔다. 그것도 여행이고 추억이라고 더웠던 그때의 기억이 너무나 생생하다. 우리는

고생도 많이 했고, 그 해 임용고사에서 딸은 아쉽게도 불합격했다. 그 후에도 우리는 해외 패키지 여행을 즐겼고, 이번에는 동유럽의 낭만을 꿈꾸며 아내와 딸을 겨울에 동유럽 패키지 여행에 보냈다. 그러나 그곳에서는 너무

추워서 고생이 많았다고 한다.

그렇게 더위와 추위 속에서 고생하던 딸은 결국 임용고시에 합격했고, 마침내 결혼식 날이 다가왔다. 결혼식에서 나는 신부의 아버지로서 딸과 함께 입장하게 되었다. 신부의 왼손은 내 팔짱을 끼고, 오른손은 꽃다발과 드레스를 잡고 걸어야 했는데, 긴장한 나머지 꽃다발만 들고 드레스 앞쪽을 잡는 것을 잊어버렸다.

드레스를 조금 들어 올려야만 걸어갈 수 있었는데, 드레스에 막혀서 걷기 힘들어졌다. 신랑은 저 앞에서 우리를 기다리고 있었고 아니, 정확히는 신부를 기다리고 있었다. 우여곡절 끝에 드레스 문제를 해결하고 입장을 마쳤고, 결혼식도 무사히 끝났다.

이 모든 여행과 추억은 우리의 삶을 더욱 풍성하게 만들어 주었다. 딸과 함께한 그 많은 여정들은 단순한 여행 이상의 의미를 지녔다. 결국, 인생도 여행과 같아서 더위와 추위를 견디며 나아가는 과정속에서 진정한 의미를 발견하게 된다. 지금은 우리 딸의 막힌 부분은 아들같은 사위가 들어올려 주며 함께 잘걷고있다.

chapter. 03

나

그간의 성원에 감사드립니다. · 걸어서 서울까지 · 자전거로 서울까지 · 가나다라마바사의 봄 · 장로와 무당친구 · 2014년 1월 21일 페이스북 · 2주금식 · 모바일신분증

그간의 성원에 감사드립니다

1월 초에 어렵게 구한 일력을 교무실에 걸어두고 거의 혼자 364장을 뜯었다. 그리고 이제 마지막 장이다. 한 장 한장이 뜯겨날 때마다 한장 한장 가슴속 일기장에 담았다. 파란만장한 이 나라의 역사와 나의 역사가 고스란히 추억으로 남았다.

그리고 뜯어내는 것은 일력만이 아니었다. 페이스북 친구 목록에서 의미 없고 소통하지 않은 사람들을 제거하는 과정도 한 해를 마무리하는 또 다른 방법이다. 이 과정은 얼핏 보면 간단해 보이지만, 실제로는 꽤 많은 감정이 얽혀 있다. 가끔은 실수로 진정한 친구를 잘못 제거하거나, 신중하게 생각하지 않고 프로필 사진이 없는 사람들을 제외하다 보니 실제로 친구였던 사람들을 잃

기도 합니다. 이렇게 한해의 마지막 날이 되면 청산도 하고 계획도 한다.

새로운 해를 맞이하기 위해, 새로운 일력을 구하러 시내에 나가봐야겠다. 아직 뜯기지 않은 미래의 페이지들을 기대하며, 새로운 일력을 찾아야겠다. 뜯기지 않은 일력에는 그동안의 교만과 부족한 사랑을 이겨내고 겸손과 성숙한 사랑, 그리고 이웃을 돌아보는 삶이 되길 원한다(어렵겠지만).

그리고 세상과 나의 이웃들을 향하여 나도 말하고 일력도 말하기를 "그간의 성원에 감사드립니다."

걸어서 서울까지

아무 생각이 없다.

걸어서 서울까지

익산에서 서울까지 200km를 걸어가기 위해서, 나와 최성택 선생님은 두 달 동안 매일 두 시간씩 걷는 연습을 했다. 우리 둘 다 40대 중반과 후반이었지만, 서울까지의 여정을 위해 용기를 내어 연습하고 계획을 세웠다.

여행의 종착점을 서울로 정하고, 그곳까지의 길에서 다양한 경험과 추억, 그리고 그동안 생각들을 쌓기를 바랐다. 삶을 정리하고 미래를 계획하는 시간이자, 삶의 우선순위를 재정립하는 여정이길 바랐다. 이전에도 서울까지 걸어가 보려 했었는데, 첫날 점심 무렵에 포기하게 됐다. 한 여름의 아스팔트에서 일어나는 엄청난 더위와 발에 생긴 수많은 물집이 포기의 원인이었다. 하지만, 이번에는 계절을 1월로 바꾸고, 이 도전을 혼자서가 아닌 최 선생님과 함께하려고 제안했다. 최 선생님은 항상 나의 제안을 승낙해주었고, 우리 둘은 하루 두 시간씩 열심히 연습을 이어가며 최종 목표인 서울을 향한 발걸음을 옮겼다.

1일째, 우리는 익산에서 새벽 4시부터 1번 국도로 출발했다. 고속도로가 생기기 전에도 1번 국도만 따라가면 서울에 도착할 수 있었는데, 지금도 그 길이 보수되고 확장되어 그대로 남아 있었다. 국내의 고속도로와 국도, 지방도로의 번호를 보면 홀수는 위아래로, 짝수는 좌우로 뻗어 있는 것을 아직도 모르는 사람들이 많다.

홀수 번호만 따라가면 위쪽으로 올라갈 수 있으니, 별로 어렵지 않았다. 그리고 겨울방학이라 선생님들이 오전 10시쯤 우리가 걷고 있는 지점에 차로 도착해서 사진도 찍고 응원도 해주었다. 하지만 오후부터는 최 선생님의 기침이 심해져 문제가 됐다.

출발할 때부터 한 명이라도 사정이 생겨서 포기하더라도 나머지 한 명은 끝까지 가기로 약속했지만, 나 혼자 가겠다는 말은 할 수 없었다. 그래서 중간에 포기해야 하나 고민도 했다. 하지만 저녁 7시쯤 80km 지점에서 찜질방을 찾았고, 그곳에서 하루를 마무리했다. 찜질

방 주인아주머니는 손님이라고는 우리밖에 없어서 더욱 친절하게 대접해주었고, 발 바닥에 생긴 몇 군데의 물집에는 바늘로 양쪽을 뚫어 실로 연결하고, 물이 자연스럽게 빠질 수 있도록 발바닥 보수공사까지 마쳤다. 다행히, 최 선생님의 기침은 점점 줄어들었다.

2일째, 피곤함이 어마어마했는지 아침이 되었는지도 모른 채 깊이 잠들었다. 꿈속에서 들린 최 선생님의 기침 소리가 현실이라는 것을 깨닫지 못했다. 최 선생님은 항상 나를 끝까지 배려해주는 사람이다. 아니, 나뿐만 아니라 모든 사람에게 그렇다. 다른 사람의 마음을 세심하게 배려하니 혼자만 포기하는 것이 어려웠을 것이다.

그래서 우리는 다시 걷기 시작했다. 아직 정신이 남아 있을 때, 나는 서울이라는 우리의 목적지를 생각했다. 서울을 우리 인생의 종착점, 꿈과 미래의 종착점에 비유했다. 목적지를 향해 걸어가는 사람, 차를 타는 사람, 자전거를 타는 사람, 때로는 우회하며 가는 사람, 우리는 모두 각자의 방식으로 종착점을 향해 나아가고 있다는 생각이 들었다.

우리의 목표는 결국 동일하나, 도착하는 방식과 시간은 무척 다르다는 것을 깨달 았다. 그러나 그런 생각은 잠시였다. 발바닥으로부터 시작되는 통증과 굳은 종아리, 무거운 배낭을 든 어깨는 마치 나와 분리된 느낌이었다. 그러나 이런 속도로 계속 걷는다면 3일 만에 충분히 서울에 도착할 수 있을 것 같기도 했다. 또한, 내일이면 서울에 도착하니까 괜찮을 것이라는 생각도 들었다. 그러나 시간이 지날수록 걸음은 더욱 느려지고, 최 선생님의 기침 소리는 점점 커져만 갔다…

3일째, 첫날은 90km, 둘째 날은 70km를 걸었다. 이제 40km만 걸으면 되는데 너무 힘들다. 도로의 이정표는 4km마다 나오고 도로 옆의 말뚝은 1km마다 나오는데 한참을 걸었는데도 1km가 나오지 않을 정도로 힘들었지만 그래도 걸었다. 길가에 떨어진 긴 나뭇가지를 지팡이 삼아 최 선생님의 기침 소리에 장단을 맞추고 걸었다.

쉬는 시간이 걷는 시간보다 점점 더 많아지고, 앞으로 나아가는 것이 내 몸인지, 다리인지, 아무 생각이 없다. 왜 지금 이렇게 걷고 있는지 조차도 잘 모르겠고, 그냥 걷는다. 서울특별시 금천구로 들어서니 여기서부터 서울이라는 표지석 앞에서 기념사진을 찍고 서둘러서 고속버스를 타고 익산으로 내려왔다.

다음날 최 선생님은 폐렴으로 입원했다. 돌이켜 보면 내 삶의 다양한 생각들을 하기 위해서 서울까지 걸었던 내내 아무 생각이 없었다.

자전거로 서울까지

걸어서 서울까지 걸어가는 동안 정말 아무런 생각이 나지 않았다. 그러나 그 후로 부터, 내 삶은 다른 변화의 흐름을 타기 시작했다. 어려움에 직면할 때마다 새로운 용기가 찾아온다. '걸어서 서울까지 갔는데, 이 정도 문제는 충분히 해결할 수 있겠다!'라는 용기와 자신감이 점차 쌓였다.

그래서 이제는 걸어서가 아니라 자전거로 서울까지의 여정을 도전하고 싶었다. 그 거리는 물론 200km로 같았지만, 새벽 4시에 시작된 자전거 라이딩은 예상보다 훨씬 빨리, 단 하루 만에 도착할 수 있었다. 그리고 나는 5년 간격으로 총 세 번의 자전거 여행을 다녀왔다.

첫 번째 자전거 라이딩은 군산의 금강하구둑에서부

터 출발했다. 라이딩 준비를 위해 헬스장에서 실내용 자전거를 이용해 하루에 두 시간씩 연습했다.

  자전거를 구입하기도 전에, 자전거 가게 사장님의 권유로 MTB 자전거를 빌려 서울을 향했다. 아내를 제외한 가족들, 특히 엄마와 누나는 반대가 심했다. 그도 그럴 것이 평택 쪽에는 평택항이 있어서 그쪽으로 가는 트럭들이 국도에서 많이 달리고 있었기 때문에 위험하기도 했다.

  그러나 나의 아내는 항상 나를 믿어주고 응원해주었다. 1박2일 정도를 예상하고 시작한 자전거 라이딩은 점심이 되어서 온양에 도착하게 되어, 하루 안에 도착할 수 있을 것이라는 생각이 들었다. 온양에서 점심을 먹고 잠

깐 쉬려고 온양온천 목욕탕에 들어갔다. 잠깐 쉬려고 했는데 1시간 정도를 기절한 듯 목욕탕 바닥에서 자고 있었다. 깜짝 놀라 일어나서 다시 라이딩을 시작했다.

우여곡절 끝에 도착한 서울은 이미 어둠이 내려 캄캄해지고 저녁 9시 30분이 되었다. 공연스레 점심에 목욕탕을 가는 바람에 엉덩이는 헐어서 아팠고 그렇게 200km의 라이딩은 끝났다.

두 번째 라이딩은 5년 후에 이루어졌다. 첫 번째 라이딩 이후에 MTB 자전거를 구입했고 출퇴근을 자전거로 달렸다. 비 오는 날에는 우비를 입고, 눈이 오는 날에는 한 번도 밟지 않은 눈길에 자전거 바퀴로 수를 놓으며 달렸다. 두 번째 라이딩에서도 같은 코스를 선택했다.

첫 번째의 경험을 바탕으로 목욕탕에는 가지 않고 국도에 있는 휴게소를 이용했다. 국도의 휴게소에 앉아있으면 고속도로 휴게소와는 전혀 다른 차원의 사람들이 몰려온다. 나처럼 자전거로 서울을 향하는 사람, 서울에서 제주도까지 가는 사람, 심지어는 서울에서 땅끝마을까지 걸어가는 사람까지, 국도 휴게소에서는 다양한 사람들을 만날 수 있다. 고속도로의 풍경과는 대조적으로, 각 도로와 휴게소, 사람마다 여유가 존재했다.

이번에 만난 휴게소에서는 수박 차에서 떨어져 나온 수박들이 깨져버려서 깨진 수박들을 사람들에게 무료로 나눠주었고, 나는 그것을 맛있게 먹었다. 첫 번째 라이딩보다 훨씬 빠르게 달려, 오후 6시쯤에는 이미 서울에 도착했다.

세 번째 라이딩은 다시 5년 후에 이뤄졌고, 그때는 이미 50대 중반이었다. 도로는 여전히 같았지만, 나이와 자전거는 변했다. 처음 시작했을 때보다 10년이 지났고, 자전거도 여러 차례 업그레이드를 거쳤다. 자전거에 익숙해져 있고, 성능 향상 덕분에 이번에는 오후 3시에 도착하는 새로운 기록을 세웠다.

10년 전 17시간 걸린 여정이 이제는 11시간 30분으로 단축되었다. 이번 라이딩에서는 점심 식사를 생략하고, 50분 동안 달리고 10분 동안 쉬는 목표를 설정했다. 처음에는 목표를 달성하는 것이 가능했지만, 도착 2시간 전부터는 굉장히 지쳐서 20분 달리고 20분 쉬게 되었다. 피곤해서 도로변에 자전거를 세워놓고 쉬고 있을 때, 지나가는 승용차에서 물병을 건네주기도 했다.

   10년 전이나 지금이나, 국도는 여전히 그대로였다. 걸어서 내려오거나 올라가는 사람들, 자전거를 타고 가는 사람들, 국도 휴게소의 풍경, 그리고 각자의 목적지를 향해 나아가는 사람들. 결국 내가 거기에 있건 없건, 그들의 여정은 계속되고 있었다.

가나다라마바사의 봄

가장 따뜻한 봄날에
나무 아래 꽃잎이 피어나네
다가오는 봄바람에
라이트하게 몸을 맡기며
마음 가득히 담아둔
바람결 속에 흩날리는
사랑스런 그 꽃향기를
아침 이슬과 함께
자연스럽게 퍼뜨리며
차가웠던 겨울을 녹이고
카네이션 같은 마음으로
타오르는 희망을 품고
파란 하늘에 구름을 그리네
하늘까지 닿을 듯이 더 높이.

장로와 무당친구

30년 만에 만났다. 전도하러 갔으나 각자의 하나님이 달랐다. 그러나 우리의 우정은 같았다.

성완이와 나는 고등학교 시절부터 친하게 지내왔다. 성완이는 나보다 힘이 세어서, 내 보디가드 같았다. 다른 친구들에게는 때때로 위협적으로 대하지만, 나에게는 항상 따뜻했다. 내가 화나거나 짜증을 내더라도 성완이는 모두 받아주었다. 하지만 고등학교를 졸업하고 나서, 우리의 진로는 서로 맞지 않았다. 나는 대학에 진학을 선택했고, 성완이는 군대에 입대하는 것을 선택했다. 그는 육군 특전사에 지원하여 군대에 입대 하게 되었다.

훈련소로 향하는 버스에 올랐을 때, 분위기는 무겁고 어두웠다. 마치 장례식장에서 묘지로 향하는 관을 실은

버스 같았다. 이때, 덩치 큰 성완이가 울면서 내게 무언가를 주었다. 그것은 500원짜리 동전이었다. 왜 그가 그 동전을 나에게 주었는지는 지금도 이해가 되지 않는다. 그것이 그가 가진 돈의 전부였을까, 아니면 그가 무언가를 나에게 주고 싶었지만 마침 가진 것이 500원짜리 동전밖에 없었던 것일까.

휴가 때마다 나에게 먼저 연락하고 만났던 성완이지만, 어느 순간부터는 그의 소식이 끊겼다. 나도 대학을 다니고, 군대를 다녀오고, 다시 복학해서 교사로 일하게 되었고 교회 장로가 되었다. 직업군인으로 계속 있을 줄 알았던 성완이는 군대를 제대하고, 중소기업에서 일하다가, 사업을 하다가 결국 무당이 되어 30년 만에 나에게 전화를 했다.

　텔레비전에서만 봤던 무당집에 처음으로 들어가 보았다. 빨간 조명 아래에 앉아 있는 신상들은 성완이가 믿는 신들이었다. 우리는 오랜시간 동안 서로의 신에 대해 토론했다. 30년이 지났지만, 성완이는 여전히 나에게 따뜻하게 대하는 모습을 유지하고 있었다. 30년 동안 우리가 믿는 신은 완전히 달랐지만, 여전히 우리의 우정은 같았다

2014년 1월 21일 페이스북

샌프란시스코 케이블카와 금문교를 보면서 우연히, 배 안에서 외국인 여자와 사진을 찍었다. 그리고 그 사진을 아내에게 카톡으로 보내며 절대 모르는 여자라고 했다. 아내의 말씀이 "나라에서 큰돈 들여 미국 보내줬더니 마누라 염장지르냐"라고 한 말씀 하셨다.^^

2주 금식

　장모님의 1주일 금식 소식을 듣고 나도 본능적으로 2주 금식을 선언하고 기도원으로 향했다. 기도원에서의 시간은 단순히 금식만을 위한 것이 아니었다. 나는 기도 제목을 세우고, 신앙적 성숙과 나의 죄에 대한 고백 등 여러가지 목표를 가지고 기도에 임했다.

　일반적으로 우리가 실시하는 금식은 '물 금식'이라고 불린다. 이는 물 외에는 아무것도 섭취하지 않는 금식 방식을 말한다. 물론 금식에는 여러 형태가 있다. 예를 들어 '주스 금식'은 다양한 주스 중 하나를 선택하여 그것만을 마시며 금식하는 방식이다.

　하지만 우리는 주로 물만 마시는 물 금식을 한다. 인도의 간디가 실시한 단식은 물조차 마시지 않는 것으로,

이는 매우 엄격한 금식방식에 속한다. 교회의 일부 목사님들은 때때로 40일 금식을 시행하기도 한다. 그러나 이러한 장기 금식은 건강에 상당히 위험할 수 있다. 금식은 신체적, 정신적 준비와 건강 상태를 고려해야 하는 심각한 행위로, 특히 장기 금식은 의학적 조언을 구하는 것이 중요하다.

금식은 신앙적 목적으로 실시되는 경우가 많지만, 신체적 건강도 중요하게 고려해야 한다.

그 당시 30대 중반의 나에게 2주 금식을 결심했던 그때는 분명 어려운 도전이었다. 그러나 이미 1월 1일 0시에 기도원에 들어간 상태였기 때문에, 결정을 번복할 수도 없었고, 그저 2주 동안 그 상황을 견뎌내기로 마음먹었다. 산속에 있는 기도원은 추우면서도 황량한 분위기를 풍겼다.

금식 기도에 대해 일반적으로 오해할 수 있는 부분이 있다. 많은 사람이 하루 종일 무릎 꿇고 기도하는 것으로 생각할 수 있지만, 실제로는 그렇지 않다. 기도는 짧은 시간 동안 이루어지고, 나머지 시간은 대부분 힘들어서 누워만 있는 경우가 많다.

금식 3일 차가 되면서 배고픔이 극도로 심해져, 천장의 형광등마저 떡가래처럼 보일 정도였다. 낮에 잠을 자다 보니 밤이 되면 잠을 이루지못하고, 이에 따라 낮과 밤의 리듬이 뒤바뀌어 극도로 힘들었다.

또한, 뱃살이 빠지면서 그동안 뱃살을 지탱하던 허리에 통증이 시작되었다. 갑작스럽게 체중이 변화하면 허리가 그 상태에 적응하기까지는 통증을 경험할 수밖에 없다는 것을 깨달았다.

이러한 경험은 금식과 기도의 과정이 신체적, 정신적으로 매우 도전적일 수 있음을 보여준다. 금식은 단순히 음식을 먹지 않는 것 이상의 깊은 내적 성찰과 체력적 한계를 시험하는 경험이다.

그렇게 금식 일주일이 지나니, 배고픔보다 외로움이

커져 갔다. 기도원에서 천천히 산길을 걸어 나와 동네 어귀에서 지나가는 버스를 바라보는게 일상이 되었다. 이건 기도원 관리집사님 눈엔 산책으로 보였겠지만, 실상은 외로움 때문이었다.

친했던 동료 교사들이 위문 온다며 와서 삼겹살 얘기만 하고 돌아가는데, 그들의 방문이 도움이 되기는커녕, 오히려 침샘만 자극하는 것뿐이었다.

모바일 신분증

며칠 전, 경찰서에서 모바일 신분증을 발급받았다. 모바일 신분증을 접수하면 새로운 운전면허증이 발급되며, 이를 모바일로 설치할 수 있게 된다. 앱을 설치하니 모바일 신분증이 나왔고, 이제는 이 신분증이 자동차 운전면허증을 대신할 수 있게 되었다.

하지만 모바일 신분증에는 단순히 운전면허증만 있는 것이 아니라, 각종 전자증명서를 바로 발급받을 수 있는 편의 서비스 코너까지 갖춘 완벽한 시스템이 구축되어 있었다.

전자증명서 코너를 둘러보다가 우연히 운전경력증명서도 바로 발급받을 수 있다는 사실을 알게 되었다. 호기심에 운전경력증명서를 발급받아보니, 30년 전 교통

사고의 상황이 기록되어 있는 것을 보고 깜짝 놀랐다. 이제는 기억 속에서도 희미해진 그 사고의 추억이 사이버 공간에서 영원히 존재한다는 사실이 무섭기도 하고 놀랍기도 하면서, 30년 전의 기억이 소환되었다.

그때는 결혼하고 두 달쯤 지났을 무렵이었다. 아침 6시, 사거리의 신호등이 점멸등에서 정상 작동되기 시작하는 시간이었다. 신호등이 초록색에서 빨간색으로 바뀌기 전 노란색 신호등이 깜박거릴 때, 빨리 직진해야겠다는 생각에 가속을 했다.

하지만 사거리 오른쪽에 신호대기 중이던 트럭 뒤에 있던 봉고차가 튀어나오는 것을 미처 보지 못했고, 결국 사거리 중앙에서 내 승용차가 봉고차와 충돌했다. 봉고차는 한 바퀴 돌면서 뒷자리에 타고 있던 두 명이 유리창 밖으로 튕겨 나왔고, 한 명은 갈비뼈가 금이 가고, 한 명은 손가락이 끊어지는 큰 사고가 발생했다.

안전벨트를 하지 않았던 나는 자동차 실내 백미러에 이마를 부딪쳤다. 백미러는 기본형이 타원형인데, 멋을 낸다고 사각형으로 교체한 것이 문제였다. 이마에서 피가 분수처럼 흘러내리는 큰 사고였다.

그리고 1년이 지나서야 이마에 뭐가 있는 것 같아 만져보니, 새끼손톱만 한 유리조각 두 개가 이마 속에 있는 것을 발견하고 빼내게 되었다. 당시 2주간의 입원과

 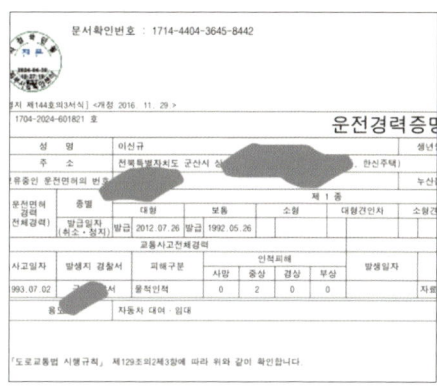

합의 과정, 차량 수리의 아픈 기억들이 30년이 지나 까마득하게 잊혔는데, 모바일 신분증으로 그 기억이 다시 소환된 것이다.

    모든 경험들은 나에게 시간이 흘러도 어떤 형태로든지 역사로 남아 있다는 것을 깨닫게 했다. 오늘과 지금도 언젠가는 역사가 되어 흐를 것이라는 생각이 든다. 이처럼 시간은 흘러가도 우리의 과거는 다양한 형태로 우리 곁에 머물러 있다.

chapter. 04

외국

바라나시 · 까만눈동자 · 쏟아지는 별 · 한강유람선

바라나시

여행은 종종 우리의 삶에 예상치 못한 깨달음을 가져다준다. 그 중에서도 20년 전 누나와 함께 했던 인도 바라나시의 여정은 나에게 지워지지 않는 강렬한 인상을 남겼다. 바라나시는 인도에서 가장 성스러운 강, 갠지스강의 품에 안긴 도시이자 많은 사람들의 생애 마지막 꿈이 깃든 곳이다.

아침 8시, 바라나시에 도착했다. 코를 찌르는 엄청난 냄새. 이 도시는 죽음의 도시였다. 호텔에 여장을 풀고 갠지스강가를 따라 보트를 타고 1시간을 돌고 나서 화장터를 구경했다. 더러운 똥물에 다이빙하며 해맑게 뛰어노는 아이들 옆에서 시체를 화장 하는 모습을 보았다. 이들에게 삶과 죽음은 그저 돌고 도는 것이었다. 타다 남

은 다리를 쑤석거리는 모습, 강물 위에 둥둥 떠다니는 시체. 아! 도대체 삶을 어떻게 받아 들여야 할 것인가?

    강변에서 펼쳐지는 광경은 한 편의 드라마와도 같았다. 어린 아이들은 강물을 배경으로 다이빙을 하며 순수한 즐거움을 만끽하고, 멀지 않은 곳에서는 여성들이 빨래를 하며 부지런히 움직였다. 순례자들은 그 성스러운 물을 손에 담아 마시며 신의 은총을 기원하고, 강가의 화장터에서는 삶의 마지막 여정을 준비하는 모습이 소박

하면서도 경건하게 연출되었다. 그것이 인생의 전 과정이며, 그것이 우리 삶의 전부인 것처럼 인생의 파노라마가 펼쳐지는 인도, 그리고 바라나시였다.

생명과 죽음의 경계가 모호해지는 그곳에서, 나는 강물에 띄워진 시신과 기역자로 꺾인 팔을 목격하며 인간 존재의 덧없음을 실감했다. 이 모든 광경이 내 눈앞에 펼쳐지며, 인생의 무상함과 동시에 그 깊이를 새삼 느꼈다. 바라나시는 내게 단순한 여행지가 아니라, 인생을 바라보는 새로운 철학을 선물한 장소가 되었다.

바라나시에서의 경험은 내게 큰 깨달음을 안겨주었다. 삶과 죽음이 공존하는 이 도시에서, 나는 인간의 한계를 직면하게 되었고, 동시에 그 속에서 생명의 소중함을 느꼈다. 이 도시는 나에게 인생의 복잡성과 그 속에서 피어나는 단순한 아름다움을 동시에 가르쳐주었다. 삶의 순간순간을 소중히 여기며, 그 속에서 진정한 의미를 찾으라는 메시지를 바라나시는 내게 전해주었다.

까만 눈동자

인도, 누나와 함께 한 그 땅에 첫발을 내딛는 순간부터 나는 새로운 세계의 문을 연 듯한 착각에 빠졌다. 길가의 화려한 색감과 시끌벅적한 소리들 사이에서, 그들의 까만 눈동자는 신비로운 이야기를 담고 있었다. 그 눈동자들은 고대 문명의 장대한 서사를 담은 책과도 같아 보였다.

어떤 눈동자는 아련한 슬픔을, 어떤 눈동자는 순수한 기쁨을, 또 다른 눈동자는 깊은 지혜를 품고 있었다.

그 중에서도 한 인도 청년의 눈동자가 내 마음을 사로잡았다. 그의 눈은 마치 무언 가 말하려는 듯, 세상의 모든 진실을 꿰뚫어 보는듯 했다.

그의 눈빛은 짙고 깊어서, 마주치는 순간 나는 시공을

　초월한 듯한 느낌을 받았다. 그것은 말없이 세상을 바라보는창이었고, 그 창너머로는 인간의 영혼이 숨쉬고 있었다. 그눈동자안에서 나는 인도의 역사를 보았다.
　고대 문명의 발자취, 제국의 영광, 식민지 시대의 고통, 해방 후의 혼란과 성장을 느꼈다. 그러나 무엇보다도 그 눈동자는 현재의 인도를 말 하고 있었다. 변화와 발전의 소용돌이 속에서도 변함없는 그들만의 정체성을 지키려는 의지를 내게 보여주었다.
　나는 그 청년과 말을 나누지 않았다. 그저 그의 눈동

자를 통해 우리는 이미 많은 대화를 나눈 듯했다. 그의 눈동자 속에 담긴 이야기들은 나에게 새로운 철학적 사유를 불러일으켰고, 내가 세상을 바라보는 시각을 조금은 달리하게 만들었다.

인도에서의 여행은 끝났지만, 그 청년의 까만 눈동자는 나의 기억 속에 영원히 남아 있다. 때로는 그 눈동자가 나에게 질문을 던진다. '너는 세상을 어떻게 바라보고 있는가? 너의 눈동자는 무엇을 말하고 있는가?' 그 질문에 나는 아직 답을 찾지 못했 다. 하지만 알고 있다.

그 청년의 눈동자처럼, 나의 눈동자 또한 나만의 이야기를 담고 있으며, 나 또한 이 세상에 내 이야기를 써내려가고 있다는 것을.

쏟아지는 별

몽골로 단기선교를 갔던 기억은 내 삶에서 잊을 수 없는 한 장면이다. 우리 교회의 단기선교팀은 고등학교 1학년 학생부터 70세의 장로님까지 13명의 다양한 연령대로 구성되었다. 그중에서도 특히 기억에 남는 이는 당시 고등학교 1학년이었던 홍식이와 몽골의 쏟아지는 별들이다.

홍식이는 의사가 되어 의료선교사가 되겠다는 당찬 포부를 밝혔다. 단기선교를 다니기도 쉽지 않은 상황에서 그의 꿈은 매우 현실과 동떨어져 보였다. 그의 학교는 몇 년간 의대 진학생을 배출하지 못했고, 홍식이도 전교 1등은 아니었기 때문에 그 꿈이 현실적으로 불가능해 보였다. 그러나 놀랍게도 그는 47대 1의 경쟁률을 뚫

고 의대에 진학했고, 지금은 의사가 되었다. 몽골을 떠올리면 항상 홍식이의 열정과 도전이 함께 떠오른다.

  몽골에서의 또 다른 잊지 못할 기억은 밤하늘의 쏟아지는 별들이다. 단기선교팀은 몽골의 평원에 위치한 게르에서 하룻밤을 보내기로 했다. 처음에는 푸른 초원이 멋질 것이라 기대했지만, 사실 말똥들이 더 많았던 기억이 난다.

  그러나 몽골의 평원에 밤이 찾아오면, 세상은 잠시 숨

을 고르는 듯 고요해진다. 낮 동안의 끝없이 펼쳐진 초원과 말들의 울음소리가 저 멀리 사라지고, 밤의 막이 오르면 하늘은 또 다른 세계로 변모한다. 그곳에서 밤하늘은 아무런 가림 없이 펼쳐지고, 별들은 한없이 쏟아져 내린다. 별빛은 마치 밤의 정적을 깨뜨리는 듯, 무수히 빛나며 춤을 추는 듯했다.

    처음 그 장관을 목격했을 때, 나는 말을 잃었다. 그 어떤 예술작품보다도 웅장하고 숭고한 자연의 풍경 앞에 누워 있었다. 몽골의 밤하늘은 단순한 밤하늘이 아니었다. 그것은 살아있는 캔버스였고, 별들은 빛의 물감을 뿌리는 화가였다. 누워있는 나의 얼굴로, 나의 몸으로 별이 쏟아지는 그 장면은 마치 고대 신화 속 이야기처럼 신비롭고, 동시에 현실의 일부였다.

평야 위로 쏟아지는 별들은 무언가를 말하려는 듯했다. 마치 인간의 삶과 우주의 영원성 사이에 다리를 놓는 듯한 메시지를 전달하려는 것 같았다. 그 별들은 우리가 잊고 살았던 것들을 상기시켜 주었다. 우리의 존재가 얼마나 하찮은지, 동시에 얼마나 소중한지를 말이다. 나는 거대한 몽골의 평야에 누워, 별이 쏟아지는 하늘을 바라보았다.

그리고 우주의 깊은 신비 속으로 마음을 던졌다. 별빛이 내 몸을 스치는 것만 같았고, 내 영혼이 별들과 어우러져 우주의 일부가 되는 듯한 착각에 빠졌다.

몽골의 밤하늘 아래에서 나는 우리가 얼마나 작은 존재인지, 그리고 그 작음 속에 서도 얼마나 큰 꿈을 꿀 수 있는지를 배웠다. 별이 쏟아지는 그 평야에서, 나는 인생의 무한함과 덧없음을 동시에 느꼈다. 그리고 그 순간, 나는 별빛 아래에서 내 존재 의 의미를 다시 쓰기 시작했다.

무궁화꽃이 피었습니다

1판1쇄 발행	2024년 8월 10일
글 · 사진	이신규
그림	ChatGPT
펴낸곳	책창고
주소	(04550)서울시 중구 을지로14길 27 우일 402호
대표전화	070-4320-6254
팩스	02-2261-4576
이메일	lisin@naver.com

값 13,000원
ISBN 979-11-87610-24-3